勝てる就活ルール50

負けないガクチカをつくる
大学4年間の過ごし方

早稲田大学教授
森川友義

はじめに

　本書は、すでにKADOKAWAより出版されている『大学4年間で絶対にやっておくべきこと　恋愛・学業・友人関係がうまくいく50のルール』の姉妹編として執筆したものです。先行書が主に学業と恋愛で成功するための秘訣を伝授したものですが、本書は就職活動を成功させることに特化したものです。勉強もうまくいき、恋愛もうまくいき、就職活動もうまくいけば、最高の学生時代となりませんか？　そうなのです。素敵な学生生活を完璧なものにさせる重要な本です。

　==就職活動の結果、どの企業に勤めるようになるかは、人生を決めてしまうくらい重要なこと==です。どこで仕事をするのか、どんな仕事をするのか、どの程度の給料をもらうのか、結婚する場合には（職場結婚が2割あまりある事実からすれば）どんな職場の相手と結婚できそうなのか、どんな人が上司になるのか、将来的にはどんな人が部下になるのか、最終的に社長や会長になれるのか等、それらによりどのくらい人生が充実するのか、どのくらいの幸福感が得られるのかが決定されてしまう重要な人生の一大事です。

　ですから、慎重かつ大胆に決めたいところです。ところが、どのようにすれば、自分の望む企業から内定を獲得できるのかさっぱり分かりません。なにしろ大学では「就職活動で成功する講座」というものはありませんから、教えてもらうことができません。

　大学の成績で決めれば分かりやすいのですが、大学の成績だ

けで採用を決める企業など1つもありませんし、成績で決められるのは勘弁してほしいと思う人もいるでしょう。では、内定を決定づけるものはなんなのでしょうか?

学歴でしょうか? 確かにそういう側面は色濃くあります。難関の大企業では、まず学歴で篩（ふるい）にかけています。しかしながら、偏差値の高い大学が優先されるといっても、その中での戦いに勝たなければなりません。名の通った大企業で採用人数が100人とすれば、学歴による大枠の人数は決まっています（100人全員を東京大学の学生にするわけにはいきません）から、同じ大学に在学する学生同士の戦いになっていきます。その戦いに勝たなければならないのです。

では、即戦力としてすぐに役に立つ人材が有利なのでしょうか? 「イエス」と言いたいところですが、サークルやアルバイトに明け暮れているような大学生では、即戦力になることは期待できません。企業が即戦力を求めるならば中途採用という方法で採用した方が効率的ではあります。

となると、残るは、みなさんの「地頭（じあたま）」と「将来性」が判断されるというわけですかね。どのくらい頭の回転が速くて的確で、どのくらい伸びしろがあって、入社3年後くらいには「優秀な人材」になってくれているかどうかを審査することになります。もちろん、所属する部署の一員として働くわけですから、上司としては、上司の指示をしっかり聞いて仕事をしてくれるというのも重要な要素になります。

それから、一緒にいて楽しい人材というのも、見逃せません。たとえば、土日休みの仕事であれば、平日は毎日1日約8時間も一緒に仕事をすることになるので、つまらなそうな人よりおもしろい人、暗い人より明るい人、礼儀作法ができていない人

はじめに 3

より礼儀正しい人が優先されます。

　つまり、みなさんの地頭やポテンシャルや性格など、総合的に判断して採用を決めていくのがわが国の就職活動ということになります。

　そのために、採用側の企業は、履歴書、エントリーシート、筆記試験、面接等によって多角的に審査することになるのですが、これらにどう対処していくのかが、内定獲得の分かれ目となります。

　ところがです。

　学生のみなさんは、採用側の裏事情は知りませんし、履歴書を正直すぎるくらいに正直に書くし、大学時代に最も力をいれたこと、通称「ガクチカ」では、サークルの副部長としてリーダーシップを発揮したとか、飲食業のアルバイトで接客のしかたを学んだという実にありきたりなものを平気で書いてしまいます。サークルは趣味だし、自分で学費や生活費を稼いでいる場合を除き、アルバイトは小銭稼ぎであって、そんなものが大学時代に頑張ったことなのかと人事部の方々は辟易していることはご存じでしょうか。

　この本は、人生で最も重要な分岐点である就職活動で、希望の企業、希望の業界の内定を勝ち取ってもらうために、じっくりと手ほどきをしていくものです。

　私は早稲田大学で政治学（や恋愛学）の授業を担当していますが、演習科目も担当しています。大学３年生以降のゼミでは、就職活動の重要性を説いています。その成果があって、森

川ゼミの学生（1〜18期生全員で170人）はいわゆる「**企業偏差値**」の高い企業にほぼ全員勤務しています。たとえば6期生は14人いましたが、そのうち一挙に3人がGoogleに内定しました。現在では転職した同期が4人目として入社しましたし、いままでの述べ人数でもGoogleには10人以上が勤務しています。8期生では12人中3人が三菱商事の総合職に内定し、延べ人数では10人あまりが勤務しています。5大商社（三菱商事、三井物産、伊藤忠商事、住友商事、丸紅）には現在20人以上が勤めています。また、11期生ではゼミ生3人が日本テレビに、15期生では同じく3人がアマゾンジャパンに内定しました。さらに私が所属する国際教養学部を卒業した学生でテレビ局所属のアナウンサーになった人は5人いますが、全員が森川ゼミの出身です。

　このような企業偏差値の高い企業に勤務できているのは、偶然ではありません。ゼミ生には就職活動の秘訣を伝授していますので、その成果が出たものと思っています。第一志望の内定を勝ち取る秘訣を教えてきましたが、この本ではその秘訣をみなさんに明らかにしていきます。

　さて、就職活動はいつから準備すれば良いのかという点が重要です。通常の場合、3年生の夏ごろからです。遅い人は3年生の冬休み、春休みから就職活動を始めるようです。周りがざわついて、**プレエントリー、企業説明会、合同説明会**が開始される頃から、やっと重い腰をあげるというのが多くの学生のようです。

　しかし、はっきり申し上げて、それでは遅いです。残念ながら、3年生の夏休みではすでに勝負がついています。それまで

はじめに　5

にどれだけ準備したかで、3年生の夏休みから開始される就職活動の成功・不成功が決まってしまっているのです。

それでは、いつが良いのか？

大学1〜2年生がベストです。なぜなら、長期インターンシップなど「学生偏差値」（就職活動で求められる能力を偏差値で考えたもの）を上げるためにしなければならないことがたくさんあるからです。早ければ早いに越したことはありません。少なくとも就職活動のしくみだけは知っておきたいものです。ほかの学生に先んじて先手を打つことになりますしね。ですから、大学1〜2年生のときから、卒業後の進路を考えて徐々に行動していくのがベストです。とはいっても、本書は大学3年生や就活中の学生にもたいへん役立つように構成されています。面接のテクニックや予想される質問についても詳述しているので、参考になる部分は多いです。

本書は序説、理論編、実践編の3部に分かれています。PART 1（序説）では、就職活動を始める前に知っておくべき10のルールを取り上げて解説し、就職活動に関する全体像を知ってもらいます。PART 2（理論編）では、企業側はどのような視点で学生を採用しているのか、また第一志望内定のための学生偏差値はどうやって引き上げていけば良いのかについて説明しています。PART 3（実践編）では、エントリーから面接までの手順の中で秘訣（裏ワザ）となるものを20のルールとして解説しています。エントリーのしかた、履歴書の書き方、ガクチカのまとめ方、面接での対処のしかたにはコツがありますので、就職活動が開始される前に、頭に入れておいてほしいものばかりです。本書をしっかり読んで、第一志望の企業に入れるよう、

願っています。

　なお、==就職活動は人生の修行==であるという側面があります。内定がもらえれば嬉しいですし、志望順位の高い企業から「お祈りメール（企業からの不採用通知メール）」が来れば、人格が全否定されたようでたいへん悲しいです。喜怒哀楽に満ちているのがこの就職活動というものです。しかし、その感情の浮き沈みとともに人間として成長できます。なぜ失敗したのか、成功するためには何が必要なのかと理論と実践を学ぶことができるのが就職活動ですが、それ以外の分野にも応用できるようになります。こんなすばらしい経験はほかにありません。人生の修行でありつつも、楽しみながら就職活動を行なうことを期待しています。

早稲田大学国際教養学部教授

森川 友義

※本書は、2025年1月時点のデータに基づいて執筆しています。

CONTENTS

はじめに …………………………………………………………… 2

PART 1

序説 就職活動を開始する！……13

UNIT **1**

就職活動の全体像を知る

RULE 01
就職活動は RPG である ………………………………… 17

RULE 02
「こうなった自分は最高！」と思えるものが出発点 …… 20

RULE 03
「カラーバス効果」で就職活動の情報を入手しよう … 25

RULE 04
就職活動のおおまかな日程を把握しておこう ……… 27

RULE 05
経済の動向に精通しよう ……………………………… 31

RULE 06
「スペシャリスト」になろう …………………………… 34

RULE 07
「自己分析」をしよう …………………………………… 37

RULE 08
「自己分析」と職種 ……………………………………… 41

RULE 09
「業界研究」をしよう …………………………………… 44

RULE 10
「企業研究」をしよう …………………………………… 48

PART 2

理論編　就職活動のしくみを知る……51

UNIT **2**

企業側の採用論理

RULE 11
企業が求める学生1　ポテンシャルのある人…………………59

RULE 12
企業が求める学生2　基礎学力がある人…………………… 63

RULE 13
企業が求める学生3　「フェルミ推定」ができる人………… 66

RULE 14
企業が求める学生4　「ケース面接」ができる人………… 73

RULE 15
企業が求める学生5　将来、幹部になってくれそうな人…77

RULE 16
企業が求める学生6　「ガクチカ」がサークルやアルバイト
以外にある人……………………80

RULE 17
企業が求める学生7　使いやすくて、
一緒にいて楽しい人………………83

RULE 18
企業が求める学生8　志望理由がしっかりしている人…… 86

RULE 19
企業が求める学生9　すぐに会社を辞めない人…………… 89

RULE 20
企業が求める学生10　履歴書の書き方が上手な人……… 92

UNIT **3**

「学生偏差値」を上げる

RULE 21
「学生偏差値」を上げる方法1　基本的な礼儀作法を
実践する ･･････････ 95

RULE 22
「学生偏差値」を上げる方法2　言語化能力を上げる ･･････ 100

RULE 23
「学生偏差値」を上げる方法3　地頭を鍛える ･････････････ 103

RULE 24
「学生偏差値」を上げる方法4　学歴の現実を知る ････････ 106

RULE 25
「学生偏差値」を上げる方法5　資格を獲得する ･･････････ 109

RULE 26
「学生偏差値」を上げる方法6　長期インターンシップを
複数する ･･････････ 112

RULE 27
「学生偏差値」を上げる方法7　「グローバル人材」になる ････ 115

RULE 28
「学生偏差値」を上げる方法8　リーダーシップ経験を
積み上げる ･･････････ 118

RULE 29
「学生偏差値」を上げる方法9　OB・OG訪問をする ･･････ 121

RULE 30
「学生偏差値」を上げる方法10　「ギャップ」をつくる ･･････ 124

PART 3

実践編 　面接に備え、内定獲得の極意を知る …127

UNIT **4**

書類提出の秘訣

RULE 31
エントリーの秘訣1 　まずは「志望業界」を1つ選び、
複数の業界へ広げよう …………… 135

RULE 32
エントリーの秘訣2 　プレエントリーは100社、
エントリーは50社をめどに ……… 139

RULE 33
履歴書の秘訣1 　日本語のルールを知っておこう … 143

RULE 34
履歴書の秘訣2 　履歴書の重点を再度確認する … 148

RULE 35
履歴書の秘訣3 　自分の長所・短所を
上手に表現する ………………… 152

RULE 36
ガクチカの秘訣1 　ガクチカの「コンセプト」を
しっかり決めよう ……………… 156

RULE 37
ガクチカの秘訣2 　鉄板ネタ1つで、差別化を図る … 161

RULE 38
ガクチカの秘訣3 　鉄板ネタ2つ以上で、
差別化を図るのが理想 ………… 165

RULE 39
ガクチカの秘訣4 　「留学」や「体育会」だけのアピールでは、
鉄板ネタにならない時代 ……… 168

RULE 40
志望理由書の秘訣 　OB・OGに志望理由書を
添削してもらおう ………………172

UNIT **5**

面接の秘訣

RULE 41
面接合格の最大の秘訣は「（根拠のない）自信」を持つこと …… 176

RULE 42
面接対策は、見かけから! …… 182

RULE 43
自己紹介60秒バージョンを完璧にする …… 185

RULE 44
常に「結論ファースト」で話す …… 192

RULE 45
「自己分析」について頻繁に聞かれる質問とは? …… 196

RULE 46
「ガクチカ」について頻繁に聞かれる質問とは? …… 200

RULE 47
「志望理由」について頻繁に聞かれる質問とは? …… 203

RULE 48
「なぜ、なぜ」攻撃に対して5回連続で答えることができるように訓練しよう …… 208

RULE 49
面接官との距離を縮めることができれば、内定間違いなし …… 213

RULE 50
「逆質問」は大チャンス …… 216

巻末資料1　就職活動で知っておくべき格言 …… 220
巻末資料2　この本で紹介した面接における頻出質問 … 226
おわりに …… 230
脚注 …… 232

ブックデザイン：都井 美穂子

PART 1

就職活動を開始する!

UNITS

- ☑ 1 就職活動の全体像を知る
- ☐ 2 企業側の採用論理
- ☐ 3 「学生偏差値」を上げる
- ☐ 4 書類提出の秘訣
- ☐ 5 面接の秘訣

就職活動の成功・不成功は
人生の重要な分岐点

　まず知ってほしいことは、大学卒業後にどの企業に勤めるかは、あなたの人生での最大のできごとの1つです。間違いありません。ご両親でも先生でも道を歩いているビジネスパーソンでも良いですから聞いてみてください。同じように言うはずです。ですから、安易に決めてはいけません。みなさんの一生を決めかねない最重要な分岐点なのです。

　人生には、大きな決断、小さな決断とさまざまな意思決定がありますが、あえていえば、人生最大の意思決定に関する分岐点は以下の3つです。

① 　**大学受験**（どの大学に入るのか？）
② 　**就職活動**（どの企業に入るのか？）
③ 　**結婚**（結婚するかどうか。結婚するとしたら誰と結婚するのか？）

　この3つがみなさんの人生を決定的に違うものにしてしまう最大の岐路です。

　第1の大学受験が、どの程度自分の人生に影響を与えたか、すでにみなさんご自身がお分かりのことでしょう。「大学はどちら？」という質問は、何十回、何百回と聞かれたでしょうし、入学し卒業する大学によって、学ぶ専門科目、授業や友人の質量、交わる人々について大きな影響を受けてきたはずです。

　3つ目の結婚は、誰と結婚するかで人生が大きく左右します（もちろん、誰とも結婚しないで一人で生きるという意思決定も、同じく人生を大きく左右します）。夜自宅に帰ってから翌日「行

ってきます」まで、ずっと一緒にいるわけですから、だいたい1日のうちの半分以上の時間を共有するパートナーを誰にするかは、みなさんのご両親よりもずっと長い時間を死ぬ（または別居や離婚など）まで共有するので、大きな意思決定ですね。

そして、就職活動です。就職活動は少なくとも24時間のうち8時間は拘束される仕事と場所を決めるということです。「はじめに」でも述べたように、どんな業界のどんな仕事をどのように行なうか、どんな人が上司や同僚になるのか、さらに場合によっては将来の伴侶までが決定されます。

どこに勤めるかは、会社四季報を読んだり、企業のホームページを見たりするだけで、安易に決める作業では決してありません。自分の人生でしたいことに合致しているのか、また、新卒で入社した会社に定年まで勤め続ける場合、22歳から65歳の定年（いずれは70歳になるでしょう）まで40年以上勤務するに値するところなのか、真剣に考えて決めるべきものです。

その意味でも、まず、危機感を持ちましょう。==たいへん大きな意思決定の分岐点に直面しているのだという自覚を持ち、就職活動としっかり向き合いましょう。==

上記の3つに共通しているのは運命の分かれ道であるという点ですが、そのほかにももう1つ重要な共通項があります。それは、自分だけが望んでも目的は達成できないということです。大学入試もそうだったでしょう。入りたい大学があったとしても、自分の学力が足りなかったら合格することができませんでした。自分の偏差値との相談だったはずです。

恋愛も同じです。自分がいくら好きになったとしても、相手も自分を好きになってくれなかったら、相思相愛にはなりませ

PART 1 | 序説 　15

ん。相思相愛になるためには、相手を魅了するだけの資質が不可欠です。

　就職活動も同じ理屈です。自分が入りたい企業に入れてくれと応募しても「はい、内定です」とは絶対に言ってくれません。**あなたにそれなりの資質があってそれを言語化しないと、内定は獲得できないのです。**

　それではその資質と言語化とはいったいなんですか？　となりますが、それが就職活動の本質であり、この本を通じてじっくり、しっかり解説していきます。

RULE 01

就職活動はRPGである

　就職活動をゲームにたとえると、RPG（ロール・プレイング・ゲーム）です。RPGは、バーチャルな世界で役柄を演じて、自分を鍛え、必要があれば武器を購入し、手向かう敵をやっつけてレベルを上げていき、最終的にはラスボスを倒すという典型的なゲームでしょう。これはまさしく就職活動そのものであり、**「就職活動は、企業が求める人材を演じて、自分のリソースを投資して、自分を鍛え、必要ならば武器を購入し、書類選考や面接をこなしてレベルを上げていき、ラスボス（最終面接）をやっつけて、内定を勝ち取るRPGである」**と言えます。

　まず、就職活動において、自分がそのまま登場するわけではありません。**自分が役割を「演じる」**のです。お芝居のように演技して、内定を勝ち取るというふうに理解しておかないといけません。なにしろ「素」の自分を見せるだけでは、到底第一志望の企業には内定できませんから。役柄を演じるということが不可欠です。

　第2に、「自分を鍛える」ということもしていかねばなりません。コミュニケーション能力の向上、あるいは「理論武装してそれを表現していく」という言い方の方が適切でしょうか。「ああ言えば、こう言う」といったように、自分が思っていることを言語化して相手を説得することが必要です。鍛える分野は、

PART 1 ｜ 序説　17

大きく分けると**「自己分析」、「大学時代頑張ったこと（ガクチカ）」、「志望理由」の３つ**なのですが、この３つについては詳述していきます。

　第３に、必要とあれば武器を購入しなければなりません。投資をしてリターンを得るという作業が必要です。就職活動において投資する原資になるものは

① 時間、② 労力、③ お金

の３つです。

　すべての学生が多かれ少なかれ持っているもので、これら３つをどのように投資するのかが、リターン、つまり内定を勝ち取る秘訣になります。

　３つの投資原資のうち、基本的なものは「時間」と「労力」です。会社説明会に行くとか、OB・OG訪問をするとか、さらにはエントリーシート（以下、ES）のコンセプトをどうするか、履歴書に何を書くのか、面接の練習はどうするのかといったものに時間や労力を使います。

　３つ目が「お金」です。就職活動にはお金がつきもの。OB・OG訪問に使うお金や、情報を収集するために友だちとセッティングした飲み会等の出費もあります。また、見かけを良くするためには、自分の身体に合ったリクルートスーツが必要ですし、履歴書に貼る写真を撮るのにもお金がかかります。駅前にあるような証明写真機で撮る写真と、就活慣れしたスタジオで撮る写真ではできばえがまったく異なります。お金をかけられるかどうかは就職活動に直接的に影響を与えるものです。

　この３つの投資原資は、誰もが無限に持っているわけではあ

りません。すでに卒業単位を取り終わりそうな場合や、裕福な家庭の場合ならば、たくさんチップを持っているでしょうが、その逆に、フル単で授業を受講していたり、サークルに没頭していたり、アルバイトをして学費を稼いでいたりするような場合だと、投資原資は少なくなってしまいます。

また、第一志望群とおさえの企業群では、投資の質量が異なります。すべての企業に同じだけのお金と時間と労力を割いていては、一番行きたい企業への下準備がおろそかになってしまい、最大の効果が出せないことがあります。志望度の高い企業への準備に時間と労力が割けるように、効率的な就職活動の方法を考え出す必要があります。

たとえば、ESの提出期限は、同じ業界の企業が同じ時期に設定していることが多いです。そのため、それらの企業へESを一から作成していては期日を逃してしまうことになりかねません。優先順位の低い企業へのエントリーに対しては、定型文に微調整を加えれば提出できるように、事前に文字数に応じたESの定型文を作成すると便利です。一例を挙げると、ほとんどの企業から要求される**「学生時代にがんばったこと（ガクチカ）」に関しては、事前に100文字、200文字、400文字、600文字の定型文を作成しておくと短時間でESを作成できます**。

いずれにしても、首尾良く内定を勝ち取れば、その後の人生で何十倍、何百倍に返ってくるので、時間、労力、お金の出し惜しみはしないようにしましょう。

PART 1 | 序説 **19**

RULE 02

「こうなった自分は最高!」と思えるものが出発点

　仕事には好き・嫌いがありますし、得手・不得手というものもあります。せっかくの一度きりの人生ですから、好きなもの、得意なものを仕事にしたいものです。営業が嫌いな人、朝早く起きるのが苦手な人、コツコツやる仕事にストレスを感じる人がいる一方で、接客が大好き、睡眠時間が少なくても大丈夫、数字を扱うのが得意といった人もいます。人それぞれです。

　ですから、いわゆる「**自己分析**」をすることが重要で、自分はどんな性格なのか、何が得意で何が苦手なのか、いままでの人生で何を成し遂げてきたのか、さらにはどんなことを仕事にしたいのかをあらかじめ知っておくことを自己分析と言い、就職活動においてはたいへん重要なプロセスです。

　その意味でも、まず、手始めとして考えてほしいのは、

※　**どんなこと（仕事）をしているときに、最高の自分と思えますか？**

ということです。頭の中で思い描いたときに、どれだけ熱くなれるか、どんな自分がワクワク、ドキドキするのかということです。**「こういうことをしている自分は最高」と思えるものを探してみましょう。**

　仕事に携わったときにどれだけ自分を高揚できるかで、諦めない心が生まれますし、努力もいとわなくなります。その意味で、最高の自分がどこにあるのかを真剣に考えてみることが必

要です。これが「天職」探しの第一歩です。

根本的に問わなければならないのは、「好き」かどうかです。つまり、どれだけ「好き」かということです。自分が何をしているときが好きなのか？　という問いに答えなければなりません。よく「社会貢献をしたい」とか「お客様の喜んだ顔がみたい」とか「世界平和を達成したい」といったように、自分以外のものに自分の存在意義を求める学生がいますが、これは正しい探し方ではありません。「あなた」の自己利益の部分が抜けています。もっと「自分」を大切にしてください。もっとエゴイスティックに自分の将来を考えてみてください。

「商社マンが格好良さそう」、「ハッカーを退治したら気持ちが良い」、「スポーツ番組を製作している自分が好き」、「有名クリエーターになってCMをつくりたい」、「株のスペシャリストになってお金持ちになりたい」、「マンガの編集をやって注目を浴びたい」等、「自分」が存在する限り、なんでも良いです。

ただし、この作業は第一歩目であって、これで完結するものではありません。自分はその会社、その部署に興味があっても、相手の企業があなたを必要とするかは別問題です。内定を獲得しなくては自分の願いは達成できないのですから。でも、それはそれ、これはこれ。最初の作業としては、どんな仕事をしているときが最高、と思えるかがまず先にこなければなりません。

10年後の自分をイメージすると？

実際の就職活動においても、面接官から上記に抵触する質問が行なわれます。みなさんの理想を内定後の仕事におきかえて考えてもらうものですが、

PART 1 ｜ 序説　　21

※ 10年後（あるいは20年後）のあなたをイメージすると、どのようになっていると思いますか？

という質問が行なわれます。企業に内定をもらったあとの自分の姿をイメージして、それを説明してほしいというのが狙いです。

　もちろん面接の場で「モテていたい」等と言うのはNGですが、たとえば「御社の社費留学制度を活用して海外でMBAを取得し、そこで得た知識やスキル、人脈を下地に海外事業をより広く展開するリーダーとして活躍したい」とか、「御社の充実した福利厚生制度を活用しながら、結婚して子どもをもうけ、仕事と家庭を上手に両立して定年まで勤めあげる自分を構築したい」というのは理想的な答えと言えるかもしれません。

　あるいは、面接官によっては「軸」という言葉を使って、みなさんの理想を聞こうとする場合があります。たとえば、

※ あなたの就職活動の「軸」はなんですか？

といった質問です。

「軸」とは、自分自身が最も大切にしている価値観であり、生き方です。 自分の軸を明確化し、軸に当てはまる業界や企業を選択し、それを面接官に上手に説明することが必要となります。自分の軸がわからないと志望業界や企業の選択が難しくなり、ESで自己PRや志望動機を書くのにも苦労します。

　また、就職活動においては、つい大手企業や倍率の高い企業が魅力的に映ってしまいますが、そういった先入観に振りまわされず、自分の軸を基準にして企業を選んでいく方が良いでしょう。軸を決めないで「給料も良いし、みんな（あるいは両親）が知っている企業だから自慢できる」等という理由で企業を選ぼうとすると、ESや面接での発言がブレてしまい、説得力が

なくなります。仮に内定をもらえたとしても、入社後に仕事を楽しめないという問題も、しばしば生じます。

　それでは、実際に就活生はこの「軸」に関する質問に対してどのように答えているのでしょうか?

　10人いたら5人の答えは「自己成長」というものです。もちろん、企業の業績を上げることが企業側からの理想ですが、それを前提とすれば、会社の成長とともに自分も成長していきたいというのは、それなりに説得力のある答えではあります。せっかくその企業で働くわけですから、自分を見失ってしまうより、自己実現ができる職場の方がやりがいを感じます。

　ただ、自己成長だけでは、どの企業でも自己成長が可能なわけですから、なぜ応募しているその企業でなければならないのか、なぜその企業で自己成長が最大化できるのか、さらにはその自己成長と企業の成長はどのように合致していくのかを上手に説明することが必要となります。ですから、自己成長に言及するのであれば、「**自己成長と企業の成長が合致すること**」について答えると良いでしょう。

　そのほかの答えとしては、「チャレンジングな仕事を任されて、達成した喜びをチームで分かち合いたい」も使っている学生がいます。とくに体育会系のスポーツ部に所属していて、その経験につなげて話すことができれば、説得力のある「軸」となるものです。

　さらには「自分の力で御社のプレゼンスを海外で高めたい」、「グローバルな環境で働きたい」は海外事業部志望の学生や海外経験豊富な帰国生が使える軸ですし、「自分の会社が扱う製品が世界一となるようにやりがいを感じたい」、「消費者に大き

な影響を与えたい」は、日系メーカー志望の学生が使える軸に
なります。

　このように、いったいあなたはどんな仕事をしたいの？　と
いう命題は、自分にとっても必要ですし、実際の就職活動にお
いても問われる基本的なものですので、まず明確にしておきた
い点です。

RULE 03

「カラーバス効果」で就職活動の情報を入手しよう

「**カラーバス効果**」という心理学用語をご存じでしょうか？意味するところは「1つのことを意識すると、それに関する情報が無意識に集まるようになる現象」のことです。みなさんの周りには情報が溢れかえっていますが、1つのことに関する情報に目を光らし、耳をそばだてていると、その情報に敏感になり、頭に残り、知識として蓄積されていくことになります。

この**カラーバス効果を就職活動に応用**していきましょう。みなさんは、これから「就職活動」に関する情報を収集していかなければなりません。敵を倒すためには、敵が何であるのか知らなければならないからです。就職活動を成功させる授業はありませんので、自主的に情報を獲得していかなければならない状況です。就職活動に関する基本用語から、実際の面接の対策まで多岐にわたっていますので、少しずつで良いので、知識を蓄積していきましょう。

そのためにも、

※ **就職活動に向けて一歩目をいますぐに踏み出す**

ことが重要です。よろしいですか、「はじめに」でも述べましたが、一歩目を早く踏み出すことができれば、ほかのライバルの学生に先んずることになります。その意味でも、大学1〜2年生から卒業後の進路について考えるというのは早すぎるということはありません。

PART 1 | 序説　25

でも、その一歩目をなかなか踏み出せないという気持ち、理解できないわけではありません。なにしろ就職活動は実に「面倒くさい」です。どうやって就職活動をするものなのか、小学校から大学まで誰も教えてくれませんでしたから。

　手順としては、

・業界研究をし

・企業研究をし

・ガクチカに沿った長期インターンシップを行ない

・（プレ）エントリーし

・企業説明会・合同説明会に行き

・必要に応じてOB・OG訪問をし

・正式に履歴書、ES等の必要書類を提出し

・基礎学力を審査する筆記試験を受け

・倍率が何十倍、何百倍の書類選考に合格し

・面接を最低３回、多いところでは10回以上行なう

ことになります。これらすべてをクリアして、やっと内定の運びとなるのです。

　このような煩雑な作業は、一社だけするのではなく、数十社以上行なうことになるのですから、ついつい「面倒くさい」と思い、行動を起こさなかったり、なおざりにしたり、後回しにしてしまったりするものです。学業のほかにも、アルバイトやサークルをやっていると、とくに**「先延ばし」**症候群に陥って手遅れになってしまうものです。

　「先延ばし」、これが就職活動における最大の敵です。その先延ばしを防止する手立てがこの本だと思ってください。手順を追って就職活動ですべきことを列挙していきますので、最短距離で内定を獲得するという目的を達成することができます。

RULE 04

就職活動のおおまかな日程を把握しておこう

　大学生にとって、卒業後の就職は大きな問題ですが、当然、採用する企業側としても優秀な人材を確保したいので、死活問題です。可能であれば優秀な学生には大学1年生のときに内定を出して「青田買い」してしまいたいところです。他方、そうなると学生は大学1年生から就職活動をしなければならず、学業が疎かになってしまうことになりますので、両者の利害を調整して、1953年から企業側が協定を結んで対処してきました。1953〜1996年の間は「就職協定」、1997〜2013年の「倫理憲章」を経て、2013〜2017年に経団連（日本経済団体連合会の略称）によって「採用選考に関する指針」が示され、経団連に属する企業が順守すべき就職活動の日程が決められて、現在は政府により「採用選考に関する指針」を引き継ぐ形で、経済団体等へ要請されています。

　そのとりきめによると、現在は
・広報解禁日　3月1日
・選考解禁日　6月1日
・内定解禁日　10月1日
となっています。

　「広報解禁日」とは企業が学生に対して「弊社はこんなにすばらしい会社で、今年はこんな採用方針で実施しますから、ぜひ応募してください」といった企業宣伝が許可される日です。で

PART 1 ｜ 序説　　27

すから、「企業説明会」や、いくつかの企業が合同で開催する「合同説明会」は３月１日から開始されます。

「選考解禁日」とは、企業が内々定（実質的には内定）を学生に出して良い日というふうに理解ください。本来は選考が開始する日です。ところが、企業側としては優秀な人材を早々に確保したいので、フライングをして６月以前に面接をして、６月１日は形式だけの最終面接を行ない「内々定」を出す企業も多いですから。

　最近はとくに大企業の中でも、大学３年生の冬休みや春休みの間に、インターンシップという形で学生を審査して、内々定を出す企業も増えてきました。これは明らかに協定破りですが、そのような現実があるという事実に向き合わなければなりません。みなさんの就職活動の時期もそれに応じて早まっているのです。

　最後の「内定解禁日」とは、正式な「内定」を出す日です。もちろんそれ以前に「内々定」を出しているので、10月初旬に内定者懇談会を開催して、正式な内定を出すことになります。

　上記は、経団連に属する企業が順守すべき就職活動のルールであると申し上げました。経団連に所属する企業は1,500程度で、その企業はこれを順守しているということです。逆に言えば、経団連に所属していない企業は必ずしも守ってはいないルールだということです。したがって、上記の時期以前に内定を出す企業も多くあります。

　実際の就職活動は、図表１－１のようになっています。

　図表にあるとおり、コンサルや金融の企業を中心とした外資系企業は、３年次の夏から就職活動を解禁しています。採用人数は非常に少なく、競争率が高いのが特徴です。なお、11月

①	3年次の夏〜	外資系企業（コンサル、金融等）の就職活動解禁 （毎年11月に米国ボストンで開催される「ボストン・キャリア・フォーラム」を含む）
②	3年次の冬〜	非経団連系日系企業（＋外資系メーカー）の就職活動解禁
③	4年次6月〜	経団連系日系企業の就職活動解禁

▲ 図表 1-1 就職活動解禁日

中旬には米国ボストンで開催される「**ボストン・キャリア・フォーラム**」が開催されて、米国に在学する学生を中心に採用する機会がありますので、海外に留学中の学生、および海外の大学に留学した経験のある学生にはこの時期から就職活動を始められる有利さがあります[1]。

　次に、3年次の冬から解禁になるのが、経団連に属さない**非経団連系の日系企業や外資系メーカー**です。また、経団連に属していても日系金融機関の中には10回以上面接するところがあるので、そのような企業はこの時期から本格的に始動しているようです。

　第3として、大学4年次の6月から**経団連系**の企業の就職活動が解禁されます。ですから、実際には就職活動は3年次の冬から開始され、6月に本格化するというふうに理解して準備するのが正解です。

「経団連系の企業が第一志望だから、準備は遅くても大丈夫」ということはありません。現実の就職活動が上記のようになっている以上、3年次の夏から積極的に就職活動を行なって、経

団連系の企業では十分練習したあとに本番を迎えるという手立ても、学生としては当然の戦略です。企業側にしたら好ましいものではありませんが、企業が自己利益を追求しているのと同じように、学生だって自己利益を追求するわけで、3つの段階で就職活動を行なうのは責められるべきものではありません。

なお、私はこの3段階の就職活動を称して「**ホップ・ステップ・ジャンプ**」と言っています。ホップで内定を1つ、ステップでさらに良い内定を1つ、ジャンプでは本当の第一志望を獲得するという手順が最も効率的で成功の確率が高い就職活動の方法です。

RULE 05

経済の動向に精通しよう

　RULE 05 としてぜひ強調したいことは、「**日本の経済の動向に敏感になること**」です。就職活動を行ない、卒業後社会人になろうとするみなさんにはとくに重要です。

　みなさんが勤めるであろう会社は、業界の一部ですし、その業界は日本経済の一部です。日本の経済全体の動きを知っておかないと業界や企業が現在どういう状況にあるのか、今後どのような方向に向かっていくのかが理解できません。経済状況は各業界に影響を与え、その状況によって、特定の業界が成長したり縮小したりします。たとえば、景気が良いときはITや製造業が活発になることが多く、逆に不況時にはサービス業や小売業が影響を受けやすいです。自分がめざす業界の動向を知ることで、適切な企業を選ぶ手助けにもなります。成長産業に勤めることができるならば、将来の昇給や昇進も期待できます。

　経済状況を知っておくと、就職活動の場面では、どんなメリットがあるのでしょうか？

　まず、企業を選ぶ際にたいへん役立ちます。経済が安定している時期に成長している企業や、景気の変動に強い企業で働くことは、長期的なキャリア形成において非常に重要です。安定した企業は、雇用の安定性や福利厚生、キャリアアップの機会を提供することが多く、従業員にとっても安心感があります。

つまり、経済の動向を把握することで、将来のキャリアプランを立てやすくなりますし、成長が期待される分野や職種を見極めることができれば、第一志望の企業に勤めたい意欲が倍増するでしょう。

また、経済の動向を把握できることで、世の中が「市場経済メカニズム」で成り立っていることや、企業における利潤追求の重要性や、日本企業といえどもグローバル化が不可避なトレンドで、日本語だけでなく英語の習得も不可欠な時代になりつつあるということが理解できるようになります。たとえば、みなさんの中で「市場経済メカニズム」という語句を聞いたことがない人もいるかと思いますが、わが国が資本主義国家である以上、需要と供給の相互作用を通じて、財やサービスの価格が決定され、資源が配分されるしくみになっています。これを「市場経済メカニズム」というのですが、企業活動ではどのくらい需要があって、どの程度供給すれば良いのかという視点がたいへん重要です。==経済の動向を学べば、自然と「市場経済メカニズム」が理解できるようになります==。社会人になれば経済的知識は不可欠なので、その準備として大学生のうちから学ぶべきものということです。

では、どうやって経済を学べば良いのでしょうか？　答えは簡単です。==新聞を読みましょう==、となります。就職活動において新聞を読むことは非常に重要です。

なにしろ、==最新の情報収集ができる==のです。新聞は、経済、政治、社会、文化等の最新情報を毎日提供してくれます。これにより、現在の経済情勢や業界のトレンドを把握することができ、面接やESでの話題に活用できます。とくに、RULE 09で

解説する特定の業界に関する記事を読むことで、その業界の動向や課題、競争環境を理解できます。これにより、志望する業界についての知識を深め、自己PRや志望動機を具体的にすることができます。RULE 10では企業研究のお話をしますが、新聞には企業のニュースや業績、戦略に関する情報が掲載されます。志望企業についての最新情報を把握することで、面接時の質問に具体的な意見を述べることができ、印象を良くすることができます。

　実際に、面接官からは、次のような質問が行なわれることがあります。

※　**最近、気になったニュースはなんですか？**

　この質問は、一般的な質問ですが、経済に関する質問だと思って良いものです。この質問に芸術やスポーツの話をすることは賢明ではありません。あくまでも、経済・ビジネス関係について答えてほしいという目的で聞いているのです。つまり、あなたが経済動向をフォローしているか、社会人になる準備ができているかどうかをチェックしている問いと思ってもよろしいです。

　経済的時事問題や日本経済の動向を理解していれば、面接官とのディスカッションで自分の意見をしっかりと述べることができるようになります。**毎日30分で良いので、新聞の経済・ビジネス面を読むことを習慣にしましょう**。

RULE 06

「スペシャリスト」になろう

　「天職探し」の秘訣を、まったく別の角度である「ニッチ」の観点から考えてみましょう。

　20世紀後半の昭和・平成時代では、企業における総合職の人たちは、いわゆる「ジェネラリスト」として企業の中で部署を転々としていました。企業内の仕事の全体を知り、他方、社内力学（組織における人間関係や相互依存性のことで、組織で成果を出すために重要なもの）に精通し、部署間の調整役も担うというのが会社幹部に要求されたエリート像でした。

　定年を迎えて再就職先を探していた男性が、人材派遣の会社の面接で「どんな仕事ができますか？」と問われたときに「部長ならできます」と答えたのは有名な話ですが、この男性がイメージする部長の仕事こそ、昭和・平成の管理職のあるべき姿だったわけです。

　ところが、21世紀ではまさにその逆、1つの仕事で求められる能力を深めていく**「スペシャリスト」になる時代が到来しました**。ジェネラリストではなく、1つに秀でたスペシャリストです。これから何十年も勤めるみなさんが考えていかなければならないのは「何のスペシャリストになるのか？」ということになります。

　どんなにニッチな分野でも、これだけは誰にも負けないもの、日本一というものが求められている時代になったのです。その

ためにも「専門的知識」を持ち、深め、仕事を極めるという方向になります。

　たとえば、数字を扱うのが大好きで、経理関係の仕事を極めたいと願う学生もいるかと思います。この分野を突きつめると、会計学、企業法、租税法、監査、経営戦略、マーケティング、ファイナンス等の知識が必要ということが分かります。

　経理の基本は会計学ですから、大学時代においては、簿記の2級くらいは取得して（可能であれば簿記1級か、公認会計士の資格がほしい）、就職活動に臨みたいものです。

　なお、この場合、「大学時代にがんばったこと（ガクチカ）」のコンセプトは「会計学の勉強」となりますね。第一志望の企業における希望部署は財務部になります。内定を勝ち取り、勤務後は簿記の1級をとったり、税理士試験や公認会計士試験に合格したりして、将来は、最高財務責任者（Chief Financial Officer、CFO）になる、あるいは独立して自分の会社を設立することも視野に入るキャリアにつながっていきます。

「ニッチ」という考え方をきわめていくと、逆説的ではありますが、就職活動に縛られないで、就職活動をするのが正しい姿となります。どういう意味かというと、就職活動とは卒業後の自分の理想とする人生を歩むための作業ということです。考えるべきこと・やるべきことはただ単に内定を取ることではなく、その場限りの資格の勉強やネタづくりでもありません。考えてほしいことは「一生をかけてでも実現したい夢や、天職」です。就職活動は自分の理想とする人生を実現するための1つの作業であると認識することで、自分に合った企業選び・仕事選び、説得力のある志望理由書の作成につながります。

PART 1　｜　序説　　**35**

スペシャリストをめざすことには、少なくとも３つのメリットがあります。まず、就職活動に有利に働きます。RULE 02で前述した「軸」というものができます。自分の軸が明確になれば、軸に当てはまる業界や企業を選択することが容易になります。自分の軸がわからないと志望業界や企業の選択が難しくなり、ESで自己PRや志望動機を書くのにも苦労します。

　次に、学歴に左右されません。もし客観的な資格が「軸」の後ろ盾となれば、一流国立大学卒も二流私立大学卒も関係ありません。たとえば、宅地建物取引士試験やファイナンシャル・プランニング技能士といった国家試験に合格すれば、どの大学を卒業していようと関係ないのです。とくに大学名で勝負できない大学に在籍する学生には、このような資格は不可欠です。

　さらに就職後のメリットとして、転職しやすいといったものがあります。ぶっちゃけ、==企業は働いてみないとわからないものです==。ですから、毎年３割くらいの人が３年以内に勤め先を辞めているのが現実です。みなさんも同じことにならないとも限りません。そのときに、自分にやりたいものがあれば、「嫌なことがあって会社を辞めた」ではなくて、「==自分の極めたいことがあって会社を辞めた==」とポジティブに考えることができます。

RULE 07

「自己分析」をしよう

　さらに視点を変えて、「天職探し」を極めてもらいます。キーワードは前述した「**自己分析**」です。あなたはどのような性格をしているのか？　長所、短所は何か？　特技は何か？　チームの仕事が好きなのか、それとも個人での仕事の方が性に合っているのか？　営業が好きなのか、苦手なのか？

　さらには、几帳面なのか、楽天的なのか、負けず嫌いなのか、ポジティブ思考なのか、社交性があるのか、コミュニケーション能力があるのか等、性格を分析することでもあります。

　別な観点から言えば、どんなものに心がトキメキを感じ、先天的にどんな能力があり、性格的にどんな仕事が向いていて、後天的にいままでどんな経験を積んできて、どんなことが得意（または不得意）になったのかを知ることが必要ということです。

　以下の４つは就職活動では頻出の質問です。
1．**自己PRしてください**（RULE 45で詳述）
2．**あなたの長所と短所を述べてください**（RULE 35で詳述）
3．**あなたの挫折経験を１つ教えてください。どのように克服しましたか？**
4．**あなたの強みと、それを表わす具体的なエピソードを教えてください**

これらの質問の目的は、あなたが応募する業界、企業が果たして向いているのかどうかを知るためです。

みなさんにとっても、実際に企業に応募して、履歴書やESを書き、面接を受ける段階で、自己分析がたいへん重要な役割を担ってきます。面接とは、自分のことをまったく知らない面接官に自分の魅力を売り込み、内定を獲得するための場ですが、そのためには**自分の「魅力」がどこに存在するのか**を明確にしていなければなりません。

自分が現在までどんな人生を過ごしてきて、どんな経験を通じてどんな人に成長できたのかを分析すべきです。面接官の質問に対して、その場で思いついた答えと徹底的な自己分析を経たあとに出した答えには大きな差があるのは当然です。

面接官の質問への答えすべてに対して、自分を表現するためにただ質問への返答をするだけではなく、**自分が話す体験から、自分をどういう人間だと伝えたいか、会社に入ったらどう役に立つと伝えたいかを念頭において話すべき**です。

したがって、自己分析では、単に自分の性格、長所や短所を洗い出しておくだけでなく、今の自分の人格がどのように形成されたかが相手に伝わるよう準備が必要です。大学時代だけではなく、幼少時代からの自分の行動を振り返り、自己アピールできる材料をなるべく多く見つけておくべきです。

育った環境や出会った人々等、自分の人生において影響を与えたできごとや転換期について、聞かれるポイントとなることが多々あります。とくに、上記の3の質問のように、挫折経験や失敗談について問われることがあります。どのような事柄に直面し乗り越えたか、どのような道を選択してきたのかを聞いているのです。

自己分析の際は、「過去」と「未来」の両軸で考えると良いです。たとえば、１年間留学したとすると、「留学した」という事実に加え、

① 「なぜ留学したのか？」→「○○という学問を学ぶため」→「なぜその学問に興味を持ったのか」

というように経緯を辿る「過去」の軸と、

② 「留学から得たものは何か」→「将来どう役立つのか」

という「未来」の軸を作るのです。

　「過去」の軸をたどれば信念や価値観が見出せて、「未来」の軸は企業にとってのメリットを表現できます。

　自己分析をどこまで深化させていくことができるかは、各人の努力にかかっています。その努力の１つは**「自分史」を作成すること**です。自己分析については、自分史として生まれてから現在までを文章におこすことから始めます。何を、いつ、なぜ、どのように、どんな人と、について思い出せる限り詳しく書きます。自分史をもとに自分の価値判断基準の軸をチャート形式ですべて書き出し、**強み、大切にしてきたこと、やりたいこと、実現したいことや夢を見つけ出す**のです。

　これを踏まえて、志望業界、企業をピックアップします。また、自分をよく知っている人たちに、自分はどういう人間かも聞いておくことが重要です。

　次に、自己分析を踏まえて、業界・企業研究を行ないます。次項以降で詳しく説明しますが、企業説明会やOB・OG訪問で、自分がその業界を選んだ理由が正しいものであるか、という点を自分に問うのです。自分がやりたいことを実現できるのか、自分の強みが生かせるのか、自分の軸は会社の軸にあてはまる

のか、という問いの答えを自己分析と照らし合わせて考えてみましょう。

RULE 08

UNIT 1 就職活動の全体像を知る

「自己分析」と職種

　自己分析の延長線上に、職種の問題が存在します。仕事の種類を区分けするとさまざまな部門に分かれますが、就職活動時には、おおざっぱにいうと**「営業」と「バックオフィス」の２つがある**ことを知っておいてください。

「営業」というと、訪問販売や御用聞きと勘違いしている学生がいます。訪問販売も御用聞きも確かに営業ではあるのですが、この場合の「営業」とは、もっと広い意味で使うもので、自社の製品を消費者に売ろうとする広告も営業の一部ですし、海外に販売しようとする海外事業部の仕事も営業です。

　他方、経理、会計、総務といった部門は、営業部門等を後方から支援する業務であり、これを「バックオフィス」と呼んでいます。商品開発やシステムエンジニアといった仕事も、どちらかといえばバックオフィスに分類できます。

　ここで問いたいのは、**営業かバックオフィスかの二者択一だったら、みなさんはどちらに配属されたいのか**という点です。性格的に向き・不向きがあるので、まずどちらをしたいのかを明確にしておくことです。性格的に合わないとせっかく就職しても、仕事がつらいと思ってしまいますから。

　性格というのは、自分の遺伝子レベルのホルモンや脳内伝達物質の多寡でだいたい決まっているものです。とくに重要なのが、ドーパミンという脳内伝達物質です。

PART 1 ｜ 序説　41

ドーパミンは、斬新性、冒険性を規定するもので、「危険を かえりみない傾向、衝動性、旺盛なエネルギー、好奇心、創造 性、楽観主義、情熱、精神的な柔軟性」に関係しているものです。 おおざっぱに言えば、ドーパミンが多いと、アウトドア派にな り、少ないとインドア派になります。スポーツやバンジージャ ンプ、また、新しいことに挑戦することを好む人をアウトドア 派、読書や音楽鑑賞を好む人をインドア派と分類すると分かり やすいですね。

　仕事でいうと、ドーパミンの少ない人はデスクワークが得意 ですからバックオフィス、多い人は営業に向いています。引っ 込み思案の人、コツコツ仕事をするのが好きな人、数字と向き 合っているのが好きな人はバックオフィスに向いています。他 方、目立ちたがり屋、拒否されてもめげない人、自分や商品を 売り込むのが好きな人、椅子に座って机に向かっているのが苦 痛と思うような人は、営業が向いていることになります。

　みなさんはどちら派でしょうか？
　このような体内に存在するドーパミンの量と、仕事の内容が 一致すると「性に合う」となり、一致しないと「性に合わない」 となります。たとえば、ドーパミンが多い人が公務員や銀行員 になると、「性に合わない」となる可能性があります。公務員や 銀行員の仕事というのは保守的でミスを犯さないということが 基本となりますから。逆に、ドーパミンが少ないインドア派の 人には、派手さを必要としない公務員や銀行員の仕事は「性に 合う」という傾向にあります。

　他方、広告代理店やテレビ局といった社交性を強く求められ る職業においては、ドーパミンが多い人の方が良いでしょう。

実際に、マスコミ関係の人はイケイケの人が多いですからね。

このように持って生まれた性格によって、特定の仕事をしたときに、性が合ったり合わなかったりしますので気をつけてください。**自分はどんな性格なのか、どのような仕事であればストレスが少ないのか等、自分で自分を分析しなければなりません**。それを特定の仕事に具体化させていくのが就職活動でみなさんが求められていることなのです。

RULE 09

「業界研究」をしよう

　自己分析や自分がやりたいこと（自分の「軸」）が決まったら、今度はそれができる業界、企業に落とし込んでいかなければなりません。それを**業界研究、企業研究**と言います。業界研究、企業研究と言っても簡単ではありません。「業界って何？」から始まる学生がほとんどだと思います。

　業界とは、わが国の産業をおおざっぱに区分けしたものです。本書では、図表1－2の分類を念頭においてお話しします。

　なお、図表1－2以外に、教育、法務、福祉・介護、旅行、レジャー（アミューズメント、パチンコを含む）、ホテル、あるいは農業・漁業・林業といった第一次産業等もあります。興味がある業界を自分で調べることをお勧めします。

　日本にはたくさんの仕事が存在しているので、調べれば必ず興味が出てくるような業界なり企業が見つかるはずです。それが端的に表われているのが、経済学における「経済複雑性指標」（Economic Complexity Index）というものです。この指標は、各国の輸出に関するデータに基づいて、その国の生産力の特徴を測定したものです。その指標の世界的ランクづけがあるのですが、なんとスイスやドイツといった欧米をおさえて、日本は世界一になっています。

　わが国の経済は、世界一多様性を持っているということで、就職活動をしているみなさんからの観点で言えば、職種を選ぶ

業界	解説
インフラ・基幹	鉄道、航空、空港、電力・ガス会社といった社会基盤の施設・しくみを提供する企業
金融	銀行・証券・保険を含むお金の流れに関する業界
メーカー	製品を生産する産業の総称。鉄鋼メーカーのような他の産業の原材料や建設用の資材として広く使われる物資を生産する企業のほか、精密機械メーカー、自動車メーカー、食品メーカー、アパレルメーカー、化粧品メーカー等がある
商社	幅広く取引の仲介をする総合商社、1つあるいは少数の商品を専門的に仲介する専門商社に分類される
コンサル	研究所やコンサルタント会社を含む業界
メディア	情報に関するあらゆる商品を取り扱う分野で、さらに広告業界、通信業界、マスコミ業界に分類される。マスコミ業界にはテレビ局・ラジオ局、新聞社、出版社等がこの範疇に入る
IT	IT・ソフトウェア・情報処理業界の総称
リテール（小売）	メーカーから製品を仕入れて小売する業界であり、百貨店・専門店・流通・小売に分類される
建設・不動産	建設と不動産の2つの業界を総称したもの
医療・薬品	医療と薬品を総称とする業界で、病院経営や医薬品の開発提供を含む
政府系	公共の利益を追求する業界で、国家公務員、地方公務員はこの範疇に入る。公務員試験に合格してはじめて応募できる場合（官公庁等）と、公務員試験に合格せずとも応募できる場合（日本銀行、国際協力銀行、国際協力機構等）がある

▲ 図表 1-2 さまざまな業界

多様性が世界一であるということです。選べる仕事の選択肢が
たくさんあるわけですから、ここは努力を惜しまずに、自分に
合った業界を選んでもらいたいものです。

　もし自分に合う業界が見つからないと思ったら、**1つの業界
に絞らずに、幅広く見てみるのも良いです**。大学生のみなさん
が持っている業界のイメージは、インターンシップ等の経験が
ない限り、とても抽象的なものであるかと思います。ちょっと
したきっかけ、たとえばOB・OG訪問や、業界研究本を読む
ことで業界のイメージが変わるかもしれません。同じ業界でも、
職場の雰囲気や働いている人々の価値観の違いから企業の差別
化が可能になり、ぜんぜん興味のなかった業界でも、自分に合
った企業を見つけることができるかもしれません。業界研究を
怠ると多くの選択肢を失うことになるので、就職活動の早い段
階では業界を絞らないほうが得策と言えるでしょう。
　また、実際の面接で聞かれる、
※　**この業界を志望する理由はなんですか？**
という質問に対して、さまざまな業界を比較検討することで、
適切に答えることができるというメリットも生じてきます。ぜ
ひ、いろいろな業界を見てもらいたいものです。

　なお、気をつけてほしいのは、業界や企業に関する知識の少
ない大学生のみなさんは、とかくSNSや動画サイト、テレビ
の広告等で目に触れる企業に興味を持つ傾向がある点です。業
界区分の1つに**「B to B」、「B to C」**といったものがあります[2]。
「B to B」とは「Business to Business」の略で、メーカーと商社
の取引や、卸問屋と小売店の間などの関係を指す言葉で、一般

の消費者である私たちにはいまひとつ仕事ぶりが分からないものです。「コンサル業界」もこちらに分類されます。

　他方、「B to C」とは「Business to Consumers」の略で、一般消費者に直接的に売る仕事を指します。たとえば、SNSや動画サイト、テレビの広告を打っている企業は、ほぼ「B to C」に分類されるものです。ですから、私たちにはなじみがある業界であり企業です。このように、「B to C」は分かりやすいのですが、**本当に自分に合った企業を見つけるには、私たちの目に触れることの少ない「B to B」（や「B to B to C」、「C to C」）に目を向けると良いかもしれません**。

RULE 10

UNIT 1 就職活動の全体像を知る

「企業研究」をしよう

興味がわく業界が見つかったら、次はその業界に属する企業を調べることになります。たくさんある企業の中で第一志望を決めるとしたら、どのような方法がベストなのでしょうか？

企業を知る方法は主に6つあります。すべて一長一短ですので、いくつかをあわせて調べることが賢明です。

最も簡単なのは、**企業のホームページ**です。どの企業にも必ず自社のホームページがありますから、クリックするだけで情報が手に入ります。ただし、当然のように、当たり障りがなくて、手前味噌的な良いことしか書かれていないので、就職活動では目を通す程度で良いでしょう。

次に「**会社四季報**」があります。上場している会社すべてを網羅して、1年に4回（四季）改訂しているものです。会社の規模、業績といった点では参考にはなりますが、無味乾燥な情報しか載っていないので、これを読んで理解せよと言っても難しいかもしれません。

3つ目は、就活生のために特別にもうけられた「**会社説明会**」があります。企業としても優秀な人材を確保したいところなので、大学におもむいて会社の理念・事業内容等を知らせようとするものです。こちらも行かないより行った方が良い程度でしょう（ただし、出席簿をつくり、学生が参加したかどうかチェックしている企業もあります）。講演者は、企業の中でも

エース級の人材を投入して興味を持たせようとするものですから、おっちょこちょいの学生の中には、その説明を聞いて企業に惚れ込んでしまうという場合もあります。気をつけてください。講演者は、基本的に企業に都合の良いことしか言わないので、会社の実態が正しく分かるというわけではありません。

　4つ目は、**企業インターンシップ**です[3]。企業インターンシップには、ワンデイから2ヵ月程度のインターンシップとさまざまな期間がありますが、企業側としては、優秀な人材を確保したいという思惑があるので、積極的に進めています。したがって、インターンシップには内定に直結するものもあります。特定の企業に興味がわいたらインターンシップに参加してみても良いでしょう。

　5つ目は、**OB・OG訪問**です。OB・OG訪問は単に企業の情報や就職活動のアドバイスをもらうだけではなく、「社会人と話す」機会を設けるという意味でも意義深いものです。社会人相手の面接に臨む心構えやマナーを学ぶこともできますので、積極的に行ないたいところです。また、1人ではなく複数のOB・OGに会って、いろいろな意見を聞きたいものです。そうしないと、1人のOB・OGの価値観に惑わされて、企業の全体像が見えてこないかもしれません。

　6つ目は、**給料**です。仕事の対価としてどのくらいの給料をもらいたいかは重要です。たとえば、年収ベースで300万円もらえれば良いのか、1,000万円はもらいたいのかという選択です。求められるスキルの高低によって、得られる年収が変わってくることになります。たとえば、カフェのチェーン店においてコーヒーをつくる作業は、マニュアルに沿った単純作業ですから、1週間もすれば大学生のみなさんでもアルバイトとしてやって

PART 1 ｜ 序説　　49

いけます。したがって、給料はそれほど高くありません。他方、特殊な技術が必要になる職種（たとえばパイロット、医師）は、比較的給料が高いです。人によっては、給料が高い仕事の方がやりがいがあるという側面もあるようです。

　そのほかにも、たとえば自分の両親や親戚が自分の行きたい企業に勤めていれば、ある程度話を聞くこともできますが、いずれにしても業界や企業の実像が完全に把握できるかといったら無理な話です。ですから、毎年、学生は自分の限りある情報の中からイメージして、とりあえず第一志望を選んでしまうということになります。首尾良く内定を勝ち取り、勤めることになっても、事前のイメージとは異なって、企業に失望し、辞めることになる人も毎年多数います。

　情報収集をするのは無駄であると言っているのではありません。むしろその逆で、**情報収集は、たくさん行なうべき**と申し上げているのです。間違いをなるべく少なくするためにも、できる限りの情報は集めておくべきです。とくにOB・OG訪問が最も有効ですので、1人や2人ではなく、5人、10人といったように訪問数を増やすのが賢明です。

　なお、実際の面接においても、

※　**あなたの企業選びの基準はなんですか？**

という質問が頻繁に行われるので、その準備という意味でも、企業研究はしっかりしておきましょう。

PART 2

就職活動のしくみを知る

UNITS

- [ ] 1 就職活動の全体像を知る
- [x] 2 企業側の採用理論
- [x] 3「学生偏差値」を上げる
- [ ] 4 書類提出の秘訣
- [ ] 5 面接の秘訣

学生偏差値を上げて、
内定を勝ち取る

　PART 1では、就職活動を開始するにあたって、知っておかなければならない知識について解説しました。就職活動ならではの専門用語や手順がありますので、その全体像を速やかに知っておくことが肝要です。

　PART 2は理論編です。「就職活動のしくみを知る」と題して、企業側がどんな人を採用したいのかを知ってもらい、次にそうであるなら、どのような人材としてアピールすべきなのか、その処方箋を解説します。

「企業偏差値」vs.「学生偏差値」の現実

　これまでに自分の理想の仕事探しの基本を述べました。さて、ここからはガラッと視点を変えて、現実的な問題に言及していかなければなりません。

　ここまでは、みなさんが描くべき理想の天職探しというものでした。最高の状態です。しかし、残念ながら、自分にとって完璧な理想の仕事に就けるなんて、ほぼ不可能です。相手の企業にも学生を選抜する権利があるわけなので。

　たとえば、民放キー局のアナウンサーになりたいと思ったとしても、採用されるのは毎年だいたい男女1名ずつ、多くても2人ずつの10〜20人ですから、倍率は数千倍、数万倍になります。これは、自分がなりたいと思っても、なかなかなれない割合です。

　一方では「理想を考えろ」と言っておきながら、他方で「理想どおりにはいかない」なんて申し上げていることになります

が、理想の企業選びに関する考え方の手順を述べているので、そこのところを、ご理解ください。

理想の職業はあるかもしれない、しかしその企業から内定をもらうのは難しいかもしれない……。これが、ほぼ全員の就活生が行き着く結論となります。つまり、**採用してもらいたい学生と採用する側の企業のマッチング**ということになります。

大学を受験したときも「偏差値」という言葉を使って、大学の難易度やみなさんの学力を測定しましたね。それとまったく同じように、就職に関しても、どれだけその企業の内定を獲得するのが難しいかを示す「**企業偏差値**」があります。

次ページの図表2－1、2－2は「企業偏差値」の一例です。受験のときの大学偏差値と同じように、内定を獲得する難易度を表わしています。インターネット上ではしばしば「就職偏差値」と呼ばれますが、「就職偏差値」では企業の偏差値かどうかあいまいなために、この本では「企業偏差値」としました。

PART 2 ｜ 理論編　53

偏差値	企業
【80】	日本銀行、日本政策投資銀行、ゴールドマンサックス、JPモルガン・チェース、マッキンゼー・アンド・カンパニー、ボストン・コンサルティング・グループ、A.T.カーニー、フーリハン・ローキー、KKRジャパン、BofA証券
【79】	三菱商事、三井物産、伊藤忠商事、みずほFG（GCF）、野村證券（IB・GM）、アクセンチュア（戦略）、アーサー・ディ・リトル、PwCストラテジー＆、M&Aキャピタルパートナーズ、ビザ・ワールドワイド・ジャパン、ブラックロック・ジャパン
【78】	電通、住友商事、丸紅、三菱地所、三井不動産、フジテレビジョン、日本テレビ放送網、TBS、テレビ朝日、日本生命（AC）
【77】	博報堂DY、テレビ東京、関西テレビ放送、講談社、小学館、集英社、日本郵船、商船三井、JA共済（AC）、東京海上日動（SPEC）、みずほ証券（特定型）、三菱総研、野村総研（経営コンサル）、ヒューリック、地主、ストライク、ドリームインキュベータ、日本経済新聞社（記者）、トムソン・ロイター
【76】	日本取引所グループ、国際協力銀行、住友不動産、讀賣テレビ、産経新聞社（記者）、毎日新聞社（記者）、文藝春秋、国際協力機構、経営共創基盤、日本M&Aセンター、ジャフコ グループ、日本経営システム、コーポレイトディレクション、野村アセットマネジメント
【75】	野村総研（総合職）、三菱UFJリサーチ＆コンサルティング、三井住友海上（Spec）、アセットマネジメントOne、農林中央金庫、アマゾンジャパン（総合職）

▲ 図表 2-1 企業偏差値（文系）

偏差値	企業
【80】	キーエンス、日本マイクロソフト
【79】	アクセンチュア（戦略）
【78】	三菱地所、三井不動産、ブルームバーグ
【77】	任天堂、野村総研（経営コンサル）
【76】	日本取引所グループ、国際協力銀行、日本M&Aセンター、Apple Japan、日本コカ・コーラ、シスコシステムズ、セールスフォース・ジャパン、Netflix
【75】	トヨタ自動車、ソニー、東京エレクトロン、レーザーテック、INPEX、KDDI、武田薬品工業、中外製薬、第一三共、アマゾンウェブサービスジャパン、日本オラクル、SAPジャパン、インテル
【74】	JR東海、ファナック、ディスコ、ENEOS、アステラス製薬、エーザイ、味の素、P&Gジャパン、ユニリーバ・ジャパン、ボーイング ジャパン
【73】	日本製鉄、日産自動車、本田技研工業、三菱重工業、日立製作所、日揮、アサヒ、出光興産、信越化学工業、富士フイルム
【72】	関西電力、中部電力、三菱ケミカル、デンソー、大阪ガス、石油資源開発、キリンホールディングス、鹿島建設、大林組、JR東日本、アドバンテスト

▲ 図表 2-2 企業偏差値（理系）

※一部企業は略称

参考：就活市場、https://shukatsu-ichiba.com/article/13066、2025 年 1 月
　　 31 日閲覧

PART 2 ｜ 理論編 　55

これらは一応の目安になるものですから、ぜひ参考にしてください。表を見ると、文系では外資系の金融企業やコンサルティング企業、商社等が、理系では精密機器やソフトウェア関連企業が上位に位置していることが分かります。企業規模や給与、学生からの人気度が上がっていくにしたがって偏差値も上がっていき、最高である偏差値80近くの企業の内定を獲得するのはたいへん困難です。

「企業偏差値」を決定するものは、基本的に学生からの「人気」が一因であると前述しました。どの企業に入りやすく、どの企業が難しいかは、需要（学生が受ける数）と供給（企業の募集人数）で決まる部分があります。これはどのような意味を持っているかというと、==企業の優良さと「企業偏差値」とは無関係とは言わないまでも、必ずしも一致しない==ということです。企業の知名度はあるが、業績的にはいまいちといった企業も多数あります。

　逆に言うと、==優良企業だが人気はそれほどでもない、掘り出し物の企業がたくさんある==ということでもあります。とくに前述した「B to B」は消費者が直接的にかかわらないことから、学生にはあまり知られていないものです。逆に「B to C」はCM等で社会的に広く知られていたり、商品を直接的に購入したりするので、企業の業績以上に就職活動では人気になっています。

　業界研究をすることは、自分に合った企業を見つけるために不可欠な作業の１つですので、新しい業界や企業を知るように努めてください。掘り出し物の企業が必ずあるはずです。

「企業偏差値均衡説」とは？

　企業には「企業偏差値」というものがあると申し上げました。それと同じように、大学受験でみなさん自身の偏差値があったように、就職活動においても「**学生偏差値**」というものがあります。

　大学受験の場合は、大学偏差値が70で自分の偏差値が50であれば、合格することはほぼ不可能です。偏差値50の生徒は、大学偏差値も同じくらいのところしか合格できません。就職活動でも同じです。あなたの学生偏差値が50だとすると、企業偏差値70の企業を受けても、不合格になるのはあたりまえです。学生偏差値70の学生は、企業偏差値50の企業には就職しようとしません。それでは、自分を安売りすることになってしまいます。

　ですから、学生偏差値65の学生はだいたい企業偏差値65の企業に就職する、学生偏差値50の学生は、企業偏差値50の企業に就職するということになります。両者の偏差値はバランスするのです。この法則を「**企業偏差値均衡説**」と呼びます。

※　企業偏差値≒学生偏差値

のように両者はバランスします。ここで重要な問題が2つ出てきます。

　1つは、いったい自分の学生偏差値はどのくらいなのか？　もう1つは、自分の学生偏差値を引き上げて、企業偏差値の高い企業から内定を勝ち取るにはどうしたら良いのか？　というものです。

　みなさんの学生偏差値を知るのがこの章の目的です。現在持っている「武器」の質量とも言えます。多ければ多いほど、質が良ければ良いほど、偏差値が高いと言えます。すでに武器を

PART 2　｜　理論編　　**57**

持っている人は、そのまま就職活動に突入しても構いませんが、
そんな人はなかなかいないかと思います。

　ほぼすべての人に、なんらかに問題が生じているはずです。
その問題点を明確にするというのがこの章の目的でもあります。

| RULE **11** | UNIT 2 企業側の採用論理

企業が求める学生Ⅰ
ポテンシャルのある人

　UNIT 2では、企業側がみなさんの書類や面接を通じてどのような人材を求めているのかについて解説します。大きく分けると、企業の求める人材の構成要素は、次ページの図表2-3に挙げた10の項目に集約できます。前述の企業偏差値でいうと、偏差値が高い企業ほど学生に求める資質は高くなるという点も忘れてはいけません。

　企業側が求める人材の中で最も重要なのは「**ポテンシャルのある人**」です。

　企業側は、新卒入社のみなさんに即戦力となることは期待していません。あくまでも、「**数年後に戦力となってくれる人材**」を求めています。「はじめに」でも述べましたが、多くの大学生にとって、社会人としての経験はありませんから、企業の即戦力になるレベルの人もほとんどいません。学生時代にどんな経験をしたとしても、実際の会社の実務からすれば、ちっぽけなものです。

　そんなふうに人事部は思っていますが、学生の中には面接で「自分の経験を生かして（活かして）御社で仕事をしたい」等と平気で言ってしまう人がいます。そんなちっぽけな経験を会社に「生かす（活かす）」等と言われても幻滅するばかりです。

　考えてもみてください。みなさんが就職活動をする年齢は、

PART 2 ｜ 理論編　　**59**

RULE	学生の資質	備考
11	ポテンシャルのある人	数年後には企業の戦力になってくれそうな人
12	基礎学力がある人	筆記試験で診断
13	フェルミ推定ができる人	合理的思考、地頭の良さ、数学的能力が問われる
14	ケース面接ができる人	同上
15	将来、会社の幹部になってくれそうな人	リーダーシップ経験を問われる
16	「ガクチカ」がサークルやアルバイト以外にある人	通称「ガクチカ」に秀でている人材
17	使いやすくて、一緒にいて楽しい人	企業において協働作業は不可欠
18	志望理由がしっかりしている人	業界、企業に精通している人
19	すぐに会社を辞めない人	第一志望であり、熱意がある人
20	履歴書の書き方が上手な人	提出書類の中で最も重要なもの。細心の注意で記入することが必須

▲ 図表 2-3 採用にあたり企業側が求める理想の学生

多くの場合、20歳をちょっと超えたくらいですよね。他方、面接官は、多くの場合、人事課員で30歳前後、課長レベルで40歳前後、部長が50歳前後、最終面接に出てくるレベルになると60歳を超えて、みなさんとは40歳ほども年齢差が開いているのです。そんな人たちに向かって「自分の経験を生かす（活かす）」というのは無理があると思いませんか？

とは言っても、会社側としては、どんぐりの背比べの中で、新規採用に必要な人数を確保すべく、実直に仕事をして将来的に会社に利益をもたらす戦力になってくれるような学生を求めるのです。課長でも部長でも、中途入社の社員以外はすべての人がたどった道で、学生時代には同じような就職活動をして、面接されて内定を勝ち取ってきたわけです。ですから、==ほかの学生にはないポテンシャルを感じさせてくれる学生に、人事部は興味を持つ==ことになります。

では、どんな人が「ポテンシャルのある人」なのでしょうか？ここでは２つの基本的な資質に言及しておきます。

まず１つ目は、==会話のキャッチボールがスムーズにできること==が不可欠です。これは、簡単そうで難しいことです。最近の若者の傾向として、PC、タブレット端末、スマートフォンといった電子機器を使うことで、１人でいる時間が急激に増加したことから、基本的なコミュニケーション能力が劣ってきました。博報堂のメディア定点調査（2024年）によれば、メディア接触時間は世代別でいうと20歳代の男女が最も高く、１日のうちで７時間以上もメディアに接触しています。メディア接触時間の中には、たとえばスマートフォンを触る等１人でいる時間も多くあります。そのような状況の中で、昔と比べて、自分

PART 2 ｜ 理論編

が考えていることを言語化して相手に伝えるという能力の低下が見られるようです。そこで、面接官と歯切れよく楽しい会話ができることがまず一義的に不可欠な資質となります。

このような基本なコミュニケーション能力を前提として、次の段階としては、==面接官の質問に対して、即答してくれて、結論ファーストで、論理的で話す==といったことが必要になってくるのですが、これらの点についてはこれからじっくりとお話しします（RULE 23、44にて詳述）。

2つ目は、突き抜けた感がある学生に興味を感じます。ほかの学生がやったことがないような、==1つのことを極めた学生にポテンシャルを感じる==のです。もちろん、後述するように、極めるものはサークルやアルバイトではありませんし、学園祭のボランティアでもありません。そういうたぐいのもの以外で、ある1つのことに夢中になって、ほかの学生とはちょっと違うところを見せてくれると魅力的に感じます。これは通常、「ガクチカ」で表現してもらうのですが、ガクチカが良いと面接に呼んで話を聞いてみようかという気になります。

この点、体育会系の学生は有利です。どの大学でも体育会系のスポーツに所属している学生は、4年間を1つのスポーツに没頭します。さらに、そのスポーツで全国大会に出場し優勝するような逸材であれば、ますます差別化が図れます。個人競技でも団体競技でも良いですが、1つのスポーツを極めた学生は魅力的です。ましてや体育会系のチームでは上下関係に厳しいので、会社のように指令系統がはっきりしている場所では、なおさら好印象です。

RULE 12

企業が求める学生2
基礎学力がある人

　前項で述べた「ポテンシャルのある人材」を別の角度から述べると、基礎学力がある人材となります。専門的知識を持った即戦力を求めるのは転職の人事で行なうとして、新卒採用としては、基礎学力のある人を求めているのです。別の言い方をすれば、「地頭の良さ」でしょうか。

　そのために、企業の大多数が就職活動において筆記試験を課しています。理由は、学生の基礎学力や一般常識を審査するためです。面接前の足切りのツールとしての意味合いを持たせている企業もあります。

　筆記試験には、大きく分けて、自宅で受検する「WEBテスト」、専用会場で受検する「テストセンター」、各企業に行って受検する「ペーパーテスト」の3種類があります。試験形式としては、リクルートマネジメントソリューションズが作成している「SPI」、日本エス・エイチ・エルの適性検査である「玉手箱」や「GAB」といったものがありますが、どの試験でも、教養として知っておくべき程度の問題しか質問されませんので、対策が可能です。そのほかには、SCOA、内田クレペリン検査、TG-WEB、CUBIC採用適性検査、TAPといったマイナーなものもあります。志望企業が絞れたら、なるべく早い段階で志望企業のテスト形式を調べておくと良いでしょう。

　筆記試験は、単純に頭脳の良し悪しを判断するもののみなら

ず、いかに筆記試験当日までに万全の準備をしてきたかといった熱意を判断するものでもあります。したがって、一夜漬けで解答すべきものではありませんので、早めに対策することが必要となります。とくに文系の学生で数学が苦手な人は、「非言語」と呼ばれる数学の基礎問題が出題されますので、大学2年次から勉強しておいた方が良いでしょう。

　そのほかにも、性格診断をするもの（自己分析をする項目）、英語力を確認するものもありますので、繰り返しますが、志望企業が見つかったのちに、速やかに筆記試験形式を調べておくことが肝要です。

　自分がどれほど解けるのか、何が得意、または不得意なのかを測るためにも、ネットで流布されている模擬試験問題を解いてみてはいかがでしょうか。良い点数がとれれば、大学3年生の秋学期から対策を始めるのでも遅くありません。

「WEBテスト」は自宅のパソコンで受検するものです。WEBテストで基礎学力を測ろうとする企業はあまりテストに重きをおいていないと私には思えます。ですから、このようなテストで振り落とされたらたまったものではありません。

　というのも、PC画面に向かって解いているので、誰が解いているのか分からないしくみになっています。したがって、学生によっては友だちを最大限に活用してこれを突破しようとする人も散見されますので、WEBテストは友だちの質を確認するテスト等と揶揄されることもあります。

　他方、全国に設置された「テストセンター」と呼ばれる専用会場に出向いて受検するテストや、各企業に赴いて受検する「ペーパーテスト」はガチ勝負です。ただし、テストセンター

の結果は多くの企業の選考で使い回すことができるため、3年の秋の時点でテストセンターの成績が良ければ、それ以降、筆記試験対策に時間を割く必要がなくなり、気持ちに余裕が生まれます。早め早めに筆記試験対策をすれば、就職活動を効率的に進めることができるということです。

実直に準備するのが正しい姿です。テストセンターの筆記試験対策には、対策本がいろいろ出版されているので、それらを参考にすると良いでしょう。より多くの問題を繰り返し解くことで着実に点数を上げていくことができるので日々の努力を積み重ねてほしいものです。

RULE 13

UNIT 2 企業側の採用論理

企業が求める学生3
「フェルミ推定」ができる人

　書類選考を通過すると次は面接になりますが、そのときに「フェルミ推定」を課題として出す企業があります。合理的思考、論理的思考、コミュニケーション能力を試すにはうってつけの面接方法です。これも前項の地頭の良さを知る方法の1つです。すべての企業で課されるわけではありません。「フェルミ推定」が課されるのは一部の外資系企業ですし、採用している企業は減少傾向にあるのですが、次項で解説する「ケース面接」の前提となる能力なので、項目を独立させて解説しています（ですから、難しいと思っても怖がらないでください。難解に感じたらこの項目は飛ばしても問題ありません）。

　「フェルミ推定」とは「実際には正確に知ることが難しいようなとらえどころのない量を、既知の情報をもとに短時間で推論して概算するもの」です。

　たとえば
・マンホールは日本にはいくつあるか？
・東京にはピアノの調律師は何人いるか？
といった問いです。**前提条件を組み合わせて仮説に導く演繹法（えんえき）、いくつかある事象・データから仮説を構築する帰納法**等の考え方がありますが、どちらの思考方法についても精通しておく必要があります。

そのためにも就活生なら誰でも読むべき教科書があります。東大ケーススタディ研究会著『現役東大生が書いた　地頭を鍛えるフェルミ推定ノート』（東洋経済新報社）です。まずは、この本を読んでおきましょう。

ただし、この本は、東大生が東大生のために地頭を鍛える目的で書いた本です。みなさんのほとんどは東大生ではないと思いますので、この本は参考にしつつも、就職活動でそのまま使ってはいけません。その欠点を補うのが、ここでの私の役割です。

以下、4点について解決方法を解説します。

① **フェルミ推定の形式**

どの面接においても形式はほぼ決まっていて、

・3分間で考える
・2分間で答える

です。自分で練習する場合、この形式を踏襲して解答してください。ときどき「5分間で考える」という場合もありますが、3分で練習しておけば5分の場合も対応できることになります。

② **フェルミ推定の問題範囲を確認する**

フェルミ推定の問題傾向は、69ページの図表2-4のように、主に4つに分類できます。

1つ目は「地理問題」です。たとえば、「日本に存在するマンホールの数はいくつですか？」といったものです。実際に出題されることは滅多にありませんが、フェルミ推定というと必ず、このようなマンホールや電柱が例として取り上げられます。

2つ目は「人口問題」です。こちらも日本における、自動車

PART 2　|　理論編　　67

の数や郵便ポストの数といったように、日本の人口を知らない
と答えられない問題となります。

　３つ目は「ビジネス問題」です。出題傾向としては、最も多
いものです。「売り上げ」をキーワードとして、特定の店のコー
ヒー、カレー、ラーメンといった飲食にかかわる売り上げ額の
問題から、ボールペン、コピー機といった総数を問う問題があ
ります。

　４つ目は、日本から世界に目を転じて、世界のゴキブリの数、
ハゲタカの数といった世界に関する知識がないと答えられない
問題が出題されます。

③　「常識」を暗記する

　まずは、常識を身につけていかなければなりません。その意
味で、上記の４つの分野にかかわる常識的数値を暗記しておく
べきです（図表２－５）。実際のフェルミ推定問題を解くだけ
でなく、グループ・ディスカッションや、ケース面接の場面で
も非常に役に立つはずです。

分野	フェルミ推定の典型的問題
地理	マンホールの数、電柱の数
人口	ミネラル・ウォーターの本数、自動車の台数、全国にある郵便ポストの数、コンビニの数
ビジネス	ぬいぐるみの市場規模、カフェの売り上げ額、カラオケの売り上げ額、コピー機の台数、ある災害の被害総額
世界	世界のゴキブリの数、世界遺産の数

▲ 図表 2-4 典型的な 4 つの分野

分野	データ
地理	日本の総面積、山地・平地比率、日本の島の数、日本の道路の総距離、全国の総住宅数
人口	日本の人口、有権者の数、労働人口、平均世帯人数、共働き夫婦と専業主婦の比率、65 歳以上の高齢者数、自動車・自転車・オートバイの数、猫・犬の数
ビジネス	第 1 次・第 2 次・第 3 次産業比率、農業従事者数、日本の会社総数、一部上場企業数、全国の外食店数、専門職の人数（医師、弁護士、公認会計士、税理士、消防員、警察官、自衛隊員）、学校の数・生徒数（幼稚園、小学校、中学校、高等学校、専門学校、短期大学、4 年制大学）
世界	世界の人口、国の数、地球の大きさ

▲ 図表 2-5 暗記しておくべき基礎的なデータ

PART 2　|　理論編　　69

④　就職活動の面接での答え方

　企業の面接では、答え方が重要です。前述したとおり、2分間でフェルミ推定の答えを述べなければなりません。したがって早口になることは不可避ですし、面接官に言いたいことを伝えるためにはプレゼン方法を工夫することが必要です。したがって、

・まず、結論を真っ先に述べる

・次に前提条件、計算式を述べる

です。必ずこの順番で答えるようにしましょう。

【前提条件】→【計算式】→【結論】ではありません。

【結論】→【前提条件】→【計算式】です。

　この結論ファーストの重要性はこのあとの項目で何度も強調していますので、基本中の基本である点、肝に銘じておいてください。

　①〜④を踏まえたうえで、以下に、例題と、その考え方・答え方の例を挙げました。

　　例題：日本に存在するマンホールの数はいくつですか？

　＜考え方＞

・前提条件

　マンホールの数は、上下水道が普及している世帯数に比例すると仮定する。

　→日本に存在するマンホールの数＝上下水道が普及している世帯数÷マンホール1つあたりの世帯数で求められる。

・データ／計算

①上下水道が普及している世帯数

「日本の世帯数」×「上下水道の普及率」で求める。「日本の世帯数」を知らない場合は、日本の総人口÷平均世帯人数で1.2億人÷2.2人＝5,500万世帯と割り出せる。「上下水道の普及率」を100％と仮定すると、「上下水道が普及している世帯数」は5,500万世帯×100％＝5,500万世帯となる。

②マンホール1つあたりの世帯数

マンホール1つあたり5世帯をカバーしていると仮定する。

→①②より、5,500万世帯÷5世帯＝1,100万個

＜答え方＞

【結論】

日本に存在するマンホールの数は、1,100万個と考えました。

【前提条件】

まず、マンホールの数は、上下水道が普及している世帯数に比例すると仮定します。そうすると、マンホールの数は、「上下水道が普及している世帯数」÷「マンホール1つあたりの世帯数」で求められます。

【計算式】

「上下水道が普及している世帯数」は、「日本の世帯数」×「上下水道の普及率」で求められます。日本の世帯数は、総人口÷平均世帯人数で割り出せますから、1.2億人÷2.2人で5,500万世帯です。また、日本における上下水道

PART 2 ｜ 理論編

の普及率はほぼ100％ですので、「上下水道が普及している世帯数」は5,500万世帯です。

次に「マンホール1つあたりの世帯数」についてです。私の自宅のある区画には20軒ほど家が建っており、マンホールは4つほど設置されています。よって、マンホール1つあたりの世帯数は20÷4で5世帯です。

これらのことから、「日本に存在するマンホールの数」は5,500万世帯÷5世帯で1,100万個と考えました。

なお、上に挙げた考え方はあくまでも一例です。たとえば、同じ「日本に存在するマンホールの数はいくつですか？」という問いでも、日本の国土面積をもとに答えを導く方法もあります。

⑤ まとめ

いろいろな事象について、フェルミ推定で考える癖をつけましょう。たとえば、近所のコンビニやラーメン屋の売り上げ等を日頃からフェルミ推定して練習するのです。練習にあたっては、「3分で考え、2分で発表する」の繰り返しです。さらに、1つの問題に2個以上の解き方を実践すると対応力がつきます。以上を1ヵ月間行なえば、合格圏内に入ります。

また実際の面接では、最後に「たいへんおもしろい問題を出してくださいまして、ありがとうございます。すごく楽しかったです」と言うようにしましょう。楽しんだということのアピールも合格への必要条件です。

UNIT 2 企業側の採用論理

| RULE **14** |

企業が求める学生4
「ケース面接」ができる人

　基礎学力、つまり地頭の良さは、前項の「フェルミ推定」のような合理的思考ができるかどうかにかかわっています。この意味で、近年、最もポピュラーになりつつある面接が「ケース面接」です。従来の外資系コンサルに加えて、外資系メーカー、総合商社等においても実施されるようになってきました。しっかり準備しないと合格が難しい面接形態です。

　従来は、日系企業において**グループ・ディスカッション（通称「グルディス」）**という形で実施されてきたのですが、それを1人の学生に行なわせようとするものとなった歴史的経緯があります。ですからここで解説する「ケース面接」は従来のグルディスを実施している企業にも役立つものです。グルディス形式の面接（5～6人のグループで1つの課題を解かせるもの）では、現在でもほとんどの場合、ケース問題が出題されていますので、業界によっては、ケース問題の勉強をしなくては内定がもらえない時代になったと言えるでしょう。

「ケース面接」とは「問題解決ケースの面接」の略で、意味するところは**「与えられた状況に対し、前提を設定し、知っている知識だけをもとに、合理的な過程とロジックを駆使して、構造化して分析し、解決策を提案するシミュレーション」**です。

　たとえば、

・3ヵ月以内に大学内のコンビニの売り上げを20％アップさせ

PART 2 ｜ 理論編　　73

るには？

・半年間で東京のカラスの数を半減させるには？

といったものが典型的な質問です。

　この「ケース面接」にも定番の教科書があります。東大ケーススタディ研究会著『東大生が書いた　問題を解く力を鍛えるケース問題ノート』（東洋経済新報社）で、この本を熟読することを勧めます。

　しかし、この本に書いていることを、そのとおりに実践すれば良いというわけではありません。ケース面接の場で、『問題を解く力を鍛えるケース問題ノート』に書いていることをそのまま実践した場合、①時間が足りなくなる、②シナリオどおりには面接が進まない、③「ボトルネック」や「打ち手」といった用語を使うと受け売りが発覚してしまう、④「知っている知識」が乏しいと解けない、等の問題が起こる可能性があります。ですから、「フェルミ推定」でそうであったように、ケース面接でも特段の対応策が必要となります。

　なお、みなさんが問われているのは、正答を導くことだけではありません。そこに至る過程が重要なのです。たとえば、論理的（合理的）思考力（筋道を構築して面接官を納得させる能力）、目的思考力（目的に最も近い道を提示する能力）、創造力（意外性のある魅力的な解決策を提示する能力）といったものから、コミュニケーション力、ストレス耐性というものまで試されているのです。面接官は必ず「なぜ、なぜ」攻撃をしかけてくるので、それに適切に対応する能力が求められているのです（RULE 48にて詳述）。

　ケース面接の問題は、図表2－6のように大きく3つのものがあります。

項目	出題例
企業の経営戦略にかかわる問題	・新聞購読率を現在より20%増加させるには？ ・缶コーヒーの売り上げを倍増させるためには？（飲料メーカー）
政府・自治体・学校等の運営戦略に関する問題	・通勤ラッシュ時の乗車率を50%減少させるには？ ・年間献血量を20%増加させるには？
日常の個人的意思決定に関する問題	・大学生に自分の学費を稼がせるためには？ ・現在の体重を10kg減少させるには？

▲ 図表 2-6 ケース面接で出題される分野

　このうちとくに重要なのは最初の２つで、企業で働く以上、利潤追求の重要性を認識させることや社会全体のしくみを知っているかどうかを問う意味でも良問です。

　ケース面接でもフェルミ推定と同じように

・３分間で考える

・２分間で答える

が最もポピュラーな応答形式ですから、少ない時間の中で適切な答えを求めることが必要になってきます。ただし、最近の傾向として「３分間で考える」の部分がなくなり、いきなり問題を見せて、即答させる企業も増えつつあります。ですから、しっかり対策しておかないとまったく答えられない事態も想定できますので、ケース面接が内定獲得の必要条件になってきているのです。

　ケース面接が行なわれる企業を志望するのであれば、**面接を受ける３ヵ月前から１日３時間くらいの勉強が必要**になります。

PART 2 ｜ 理論編　　75

インターネット上には、出題例とともに解答例も掲載されていますので、これらの情報を参考にして学んでいくことが不可欠です。

でも心配いりません。これもフェルミ推定と同じように練習すればなんとかなりますし、コツさえ覚えれば、合格ラインまで到達するのに時間はかかりません。1年生や2年生では、そのような面接方式があるんだということを知ってもらえれば十分で、3年生から勉強することで対応可能です。

また、ケース面接対策として、論理的に述べるというものがあるのですが、その点については、形を変えて、RULE 23、44、48等で詳しく解説しますので、ご安心ください。

RULE 15

企業が求める学生5
将来、幹部になってくれそうな人

　企業には仕事の内容、責任の重さに応じて、「役職」というものがあります。図表2−7のように、代表取締役社長を頂点として、だいたい7つの役職に分類されているのが一般的です。

　このような組織の中で、なぜみなさんを雇用しようとするのか、分かりますか？　それは、みなさんが会社に利益をもたらしてくれると思うからです。最初の1〜2年は即戦力にはほど遠いですが、3年目くらいから実力を発揮して、給料を上回る以上の利益を生み出してくれることが期待されます。また、そのあとは後輩が続々と入社してくるわけで、新人教育もしてくれることが期待されます。

▲ 図表 2-7 会社の役職図（例）

PART 2 ｜ 理論編　　77

5〜10年目くらいには係を統率する係長になってもらいたいものです。その後、数人から数十人の部下を持つ課長、いくつかある課をまとめる部長、さらには会社の取締役である常務→専務→社長（→会長）にまでになってもらわないと会社としては成り立たないわけです。

　なお、一般的に取締役社長の任期は2年ですが、2期務めたと仮定して、同期入社の人数が100人で一定しているとすれば、100人×4年で400人に1人の割合で社長になれるということになります。自分の人生をかけた長期戦で、割合としてはたったの0.25％にしかなりませんが、誰かが社長の座に就かなければならないしくみとも言えます。ですから、将来、社長にまでなれる人材であるとアピールすることも重要になってくるわけです。

「私は言われたことはなんでも引き受け、実直にこなすことができます」というのは平社員としては理想的な人材かもしれませんが、それだけでは不十分です。部下を統率して、組織を機能させてもらわなければならないからです。

　つまり、総合職として雇用される人たちの中から、必ず役職に就いてもらいたいのですから、その意味で、いわゆる**リーダーシップをとれる素質がある人材を求めている**ということになります。

　したがって、面接においては、

※　リーダーシップ経験を教えてください

というものが頻出されます。企業としては、みなさんが将来、幹部になってくれそうなのか確認したいということです。ですから、大学時代でこのような経験を持つように心がけていくことが求められます。

大学生なので、なんでも良いです。サークルの部長でも良いし、ビジネスコンテストに出場して優勝したときのリーダーだったでも良いです。スポーツ関係であれば、部活動のキャプテンでも良いのです。もっと突き抜けたいのであれば、自分で株式会社を設立して社長として利益を上げたというのでももちろん良いです。

なるべく早い時期からリーダーシップ経験が重要であることを認識して、リーダーの経験を積むことをお勧めします。この点は重要なので、RULE 28で再度説明します。

RULE 16

企業が求める学生6
「ガクチカ」がサークルや アルバイト以外にある人

　企業が求める人材として、**「ガクチカ」がしっかりある人**というのが挙げられます。毎年読まされる「ガクチカ」の7割以上が、サークルやアルバイトだと嘆く人事担当者にしばしば出会います。また、サークルをガクチカにする学生の多くが「副部長」というタイトルを挙げているらしく、「なんでこんなに副部長が多いのか。ウソだろ」と辟易していました。リーダーシップ経験があるところを見せるために「盛った」のでしょうが、副部長というのは実に中途半端です。

　アルバイトを「ガクチカ」にする学生も多いです。とくに飲食にかかわる接客業が一番多く、客との対応をアピールして、営業向きの人材であると主張しているようです。そのほかにも、学園祭のボランティア活動や家庭教師というのも多いと言っていました。どれも平凡極まりないです。みなさんは決してこのような経験をガクチカにしないことを期待しています。

　ガクチカの重要性を知るエピソードとして、インターネットに次のような記事が載ったことがあります。日本屈指の私立大学の卒業生で、恋人にフラれた経験をお持ちの女性です。

　引用すると、「恋人にフラれた気持ちをバネにして、見返してやろうと就職活動をめちゃくちゃがんばったんです。ですが、行きたい企業はことごとく不採用になってしまいました。いったい、私の人生はなんだったのだろうと、生きる気力を失いま

した」ということでした。

　ネット記事の落としどころは、恋愛には学歴は関係がなく、就職活動は学歴があっても難しいものだということのようです。しかし、待ってください。実際に彼女の履歴書やESを見たわけではないのではっきりとした原因は分かりませんが、推測するに、ガクチカに重大な問題をかかえていたことが伺い知れます。有名大学の学生が、就職活動を「めちゃくちゃがんばった」のなら、志望動機はしっかり言えたでしょうし、失恋を経験したことで自己分析も十分にできたことでしょう。残るはガクチカです。ありきたりなアルバイトやサークルといったものを書いたことが推察できます。

　近年の就職活動においては、**「ガクチカ」の優劣が内定の決定的な分岐点であることを認識する**ことが重要です。

　どの企業を受けるにしても、必ずガクチカを作成し、面接ではその点を深堀りされることを覚悟しなければなりません。ですから、ここが勝負どころと覚悟してしっかり「売り」となるガクチカを作成したいものです。

　企業偏差値が高い企業への志望度が高い場合は、とくにガクチカの重要度が増します。この「売り」をつくっていくことをガクチカの**「コンセプトづくり」**と呼んでいます。このコンセプトづくりこそ、努力を惜しんではいけない点です。

　通常は大学で勉強しているものが中心になります[4]。たとえば、文系ならば、文学（フランス文学、国文学等）、政治学、経済学、社会学、国際関係学、経営学、会計学、（デジタル）マーケティング等となりますし、理系ならば、応用物理、応用化学、生物学（たとえばミトコンドリアの研究でも良い）、コンピューター・

PART 2　|　理論編　　81

プログラミング、コンピューター・サイエンス、宇宙工学、建築学、金融工学等になります。

食料問題の研究、地球環境問題の研究、金融工学の研究、欧州研究、東アジア研究、メディア学、日本文化の情報発信といったように、1つの研究に絞ってコンセプトをつくることも可能です。

なお、ガクチカでは、強烈なインパクトがほしいです。可能であれば、全国大会で優勝したとか、起業して生活費と学費はぜんぶ自分で稼いだとか、全額支給の奨学金を獲得して4年間授業料は1円も払わなかったとか、エベレストに登頂したとか、こういうものと組み合わせたガクチカになっていると最高です。

しかし、このような超ハイレベルな「売り」があれば問題ありませんが、普通の学生にはそのようなものはありません。ここが頭の使いどころです。ガクチカの構築は就職活動において最も重要なステップですので、PART 3・実践編のRULE 36、37、38、39の4回に分けて詳しく検討していきます。

| RULE 17 |

UNIT 2 企業側の 採用論理

企業が求める学生 7
使いやすくて、一緒にいて楽しい人

　みなさんが就職したあと、たとえば、それが土日休みの仕事であれば、平日は毎日、1日約8時間は、課やチームの一員として働かなくてはなりません。企業という組織で働く限り、協働作業は不可欠です。ですから、当然ながら、一緒にいてつまらない人物よりも楽しい人物である方が先輩や上司としてはうれしいです。

　また、組織は縦型なので、上司の指示をしっかり聞いてくれる人の方が、いちいち口ごたえをする人よりも歓迎されます。みなさんだって、とんがってチームの和を乱す人は友だちとして敬遠しますよね。それと同じです。会社組織では上意下達（上層部の意向を下に伝えること。トップダウンとも言う）が原則ですから、課長や係長としては元気に「はい、承知しました（「了解です」ではありません）」と言ってくれるような使いやすい人物であることを願っています。

　したがって、内定がほしかったら**「使い勝手が良くて、一緒にいて楽しい人物」を演じる**ことができるかが重要ということです（優柔不断という意味ではありませんので、念のため）。面接で見られているのは、そういった性格でもあるのです。面接時ばかりではありません。直接、採用とは関係がなくても、OB・OG訪問をした社員の方への態度やお礼のしかた等、いつも自分の振る舞いは他人から評価され、性格や人間性を見られ

PART 2 | 理論編　83

ていると考えるべきです。

　別な角度からこの問題を考えると、みなさんも面接官も緊張している面接では、お互いの「距離」が遠いですが、**たった30分の面接でいかに面接官と自分との距離を縮めることができるか**が勝負の分かれ目ということになります（RULE 49で詳述）。一緒にて楽しいかどうかは、お互いの距離が近いということです。面接官が、学生を人間として面白い、楽しいと思った瞬間に、安心感が醸成されて距離が縮まり、一緒に働いても良いかな（内定を出しても良いかな）と思います。

　そのためにしなければならないことがあります。

　まず、**第一印象に気を使う**ことです（RULE 42で詳述）。外資系コンサルの人事担当者に話を伺ったとき、学生の眼差しや立った姿からオーラを感じとることができるため、採用するか否かは5秒もあれば判断を下せると豪語していました。そのくらい、第一印象は重要です。身だしなみや喋り方に注意をはらい、最初の5秒で相手に好印象を与えることが重要です。そのために、清潔感、きびきびした態度は不可欠です。

　次に、**元気で明るい人を演じる**ようにしましょう。面接官の質問に対して大きな声ではきはきと答えることは当然です。笑顔をふりまきましょう。面接の際、常に笑顔で姿勢良く、はっきりと受け答えをすることが重要です。採用担当者は下を向いたり、声が小さかったり、自信のなさそうな学生を評価しません。笑顔で大きな声で姿勢良く話すのと、仏頂面で小さな声で下を向いたまま話すのでは、同じ内容でも正反対の印象を与えます。

　面接に関して準備不足だと、緊張してロボットのようになっ

てしまったり、大切なことを言い忘れてしまったりし、自分の特長を伝えられないことがしばしばあります。そうならないためにも、練習を重ねて話す内容や雰囲気を改善していったり、実際の面接の場数を踏んだりして、自然な受け答えができるように準備しておきたいものです。

　実際の面接の場面では、

※　いままで他人を巻き込んで一緒に目標を達成した例を挙げて説明してください

というのが一般的な質問となります。協働作業の様子を聞く典型的な質問です。

　会話の途中では、

※　チームとして一番苦労した点はなんですか？

※　どうやってその問題を克服しましたか？

という点も聞かれますので十分に準備しておくことが必要です。インターパーソナルスキル（他者とうまくかかわる能力）に関するエピソードは１つで良いので、事前に語れるようにしておきましょう。

| RULE 18 |

企業が求める学生8
志望理由がしっかりしている人

　ESにおいて、「大学時代がんばったこと」と並んで重要なのは、企業への「志望理由書」です。企業の面接で必ず聞かれる
※ <u>**弊社への応募動機を教えてください**</u>
という質問です。企業への熱意を伝える意味でも、業界研究、企業研究の成果を志望動機として形にしなければなりません。

　なぜ、その業界なのか？　その中でも、なぜその企業なのか？　なぜその職種・部署なのか？　将来的にはどのようなビジョンを持って応募しているのか？　といったことに言及することが必要です。そのためには自分の過去の経験や能力をもとにして、その経験と関連づけると書きやすいかもしれません。

　みなさんへの1つの模範として、私のゼミ生だった学生の志望理由書を披露してみます。経験が異なるのですべてを真似することはできませんが、どのような形にすべきかが具体的にイメージできるはずです。

　なお、この学生B君は、父親の仕事の関係で大学入学前は17年間ずっと南アメリカにいました（これは今から真似することはできませんね）。B君は総合商社志望で、第一志望に内定し現在も勤務しています。B君の志望理由書は次のようなものでした。

貴社を志望する理由は、発展途上国でのインフラ事業に従事したいからである。インフラが整備されていない南米で17年間生活をしたことから、この事業に興味を持った。実際にエクアドルでの生活では、未発達の交通網、インターネットの通信障害、停電、水道管の故障等とさまざまなインフラ問題を体験した。南米諸国ではインフラ不足を解決するために必要な膨大な資金や高度な技術がない一方で、貴社はインフラの高度な技術やノウハウを有している。インフラにかかわる企業の中でも、政府、メーカー、ゼネコンといった関係機関を巻き込み、戦略的なビジネスモデルを策定する総合商社の魅力に惹かれており、その中でも、とくにインフラに強い貴社で発展途上国の事業に携わりたい。

　自分の海外経験やインターンシップ経験を志望動機につなげると、しっかりした動機であることが伝わる理由書になります。しかし、この志望理由書には大きな問題が内在しています。それは**なぜ応募した企業のインフラ事業でやりたいのか明確になっていない**という点です。５大商社ならば、どこでも当てはまるという内容の志望理由書です。書類選考段階では問題ないでしょうが、面接の段階が上がるにしたがって、深堀りされていく点でしょう。

　もちろん、B君としては百も承知、当然聞かれるであろう質問に対して練習を幾度となく重ねていたので、問題なく内定を獲得できました。

　また、良くない志望理由書についても言及しておきます。一般的なのが、「御社で自己成長したい」「御社の理念に共感し

た」といったたぐいのものです。

　人生の軸として「自己成長」を述べることが多いと前述しました（RULE 02）。軸として述べるのは良いとは思いますが、これを志望理由にするのは間違っていると思うのです。どの企業に入って仕事をしても自己成長をしますし、**どうしてその企業で最も自己成長ができるのかを突き詰めて書かないと、究極的にはどの企業でも良いという結論になってしまう**ことになります。

「御社の理念に共感した」というのも陳腐です。ホームページに書いてある美辞麗句をそのまま志望動機にするなど、あってはならないことです。面接官はESを見て苦笑することでしょう。

　入社後のイメージが浮かぶように真剣に理由づけを考えてみましょう。どうしても浮かばない場合には、OB・OG訪問をした際に、先輩から教えてもらうのが近道です。OB・OGこそ、就職活動の経験者であり、内定者です。自分の企業のことは十分に知っています。これ以上の家庭教師はいません。

| RULE **19** |

UNIT 2 / 企業側の採用論理

企業が求める学生9
すぐに会社を辞めない人

　会社の立場からすると、内定を出して承諾書にサインしたからには、必ず入社してほしいと期待していますし、入社後は定年まで勤め上げてほしいとも願っています。また、病気がちで会社を休まれてしまうと、所属する課やチームの仕事にも支障をきたすことになりますので、健康であってほしいとも思っています。

　4月の入社式のあと、会社はOn the Job Training（OJT）という形で教育投資して、みなさんを一人前のビジネスパーソンとしてやっていけるように訓練していきます。訓練中とはいえ、新人社員にもボーナスを含む給料を払うわけですから、最初の2〜3年くらいは会社の持ち出しの方が多くなってしまうものです。3年を過ぎた頃からやっと会社として元が取れるということです。そんななかで、すぐに辞められてしまっては会社としてたまったものではありません。

　ですから、面接に際しては、3つのことを聞いてきます。

　つまり、みなさんの熱意です。第一志望であることは当然です。さらに、面接官からは、同業他社はどのあたりを見ているのか、その中でなぜ弊社なのか、どのくらいの志望度なのかを聞いてきます。

PART 2 ｜ 理論編　　89

ということで、

※　なぜこの業界なのですか？

※　なぜほかの業界ではないのですか？

※　この業界の中でも、なぜ弊社が第一志望なのですか？

の３つの質問について明快に答えられなければなりません。もし受けている企業が１社だけだったら業界への熱意を疑われてしまいますし、同じ業界の中で企業偏差値がそれほど高くない企業を希望する場合には、なぜ企業偏差値がそれ以上に高い同業他社ではないのかについて聞かれるのは当然です。

　そのほかにも、以下のような熱意を伝える方法がありますので、しっかりルールを守りましょう。

【熱意の伝え方①　履歴書で表現】

　履歴書の項目（RULE 33〜35）でじっくり解説しますが、余白をつくらないことで熱意を伝えることが可能です。ESも字数制限が400字であったら、必ず400字にします。字数は熱意に比例するという原則をおさえてください。

【熱意の伝え方②　OB・OG訪問】

　こちらも後述しますが、OB・OG訪問の数で熱意を表現できます。「OB・OG訪問は１人も行なっていません」では熱意が見えませんが、「20人の御社の社員さんにお話しを伺うことができました」と言えば、面接官もあなたの熱意に納得してくれます。

【熱意の伝え方③　提出物を早く】

　提出物は早ければ早いほど、熱意が伝わります。できれば提

出期限の最初の1週間のうちに提出しておきたいものです。ときどき、提出書類が締め切り前日になってしまう学生を散見します。急いで出したということが見え見えです。余裕を持って提出することができれば、うっかりミスや必要物の出し忘れを防止することができます。期限を1分過ぎてしまい企業への応募チャンスを逃すという事態は絶対に避けたいものです。

インターネット上の応募フォーム等で、面接の日を複数の選択肢から選べる場合もあるかと思いますが、**内定に最も近い面接時間は、面接初日の午前中**です。もちろん就活生はそのことを知っていますので、毎年ベストの時間を獲得しようと「クリック戦争」が繰り広げられます。決して負けないようにしてください。

【熱意の伝え方④　面接では「第一志望」とアピール】

応募するすべての企業は第一志望です。この基本ができていない学生が非常に多いです。どんなに志望順位が低くても、

※　**弊社は第何志望ですか？　なぜですか？**

との質問に対しては、必ず「御社が第一志望です」と言いましょう。たとえ面接を受けている企業が第30番目に志望する会社であっても、**必ず第一志望と言わなければなりません**。正直に30番目と言って内定をくれる企業はありません。就職活動における暗黙の了解と思ってください。

企業偏差値が高くない企業側だって優秀な学生が自分の会社を第一志望だなんて思っていません。それでも暗黙の了解として、第一志望と言うのが礼儀なのです。ただし、納得できるような第一志望だという理由をはっきりと言わなければなりません。そこが就活生としての礼儀でもあります。

PART 2 ｜ 理論編　　91

RULE 20

企業が求める学生10
履歴書の書き方が上手な人

　履歴書の書き方が分かっていない学生が多いのにはびっくりするほどです。履歴書を手荒く扱ったために折れ目がついているもの、急いで書いたのが見え見えで字も乱暴に書いてあるもの、書くことがないためか半分ぐらいのスペースしか埋まっていないもの、日本人でありながら誤字脱字が多いもの等、記念受験レベルの履歴書がたいへん多いのが実情です。

　なんと言っても履歴書は書類選考の生命線ですから、慎重に扱わなければならないことを強調します。履歴書を書くにあたって基本的な間違いをしている学生が多いので、その基本原則を、4点述べます。

　まず、**履歴書では、すべての情報を端的な言葉で表現しなければなりません**。主な柱は、学歴・職歴、免許・資格、志望動機・自己PR・趣味が一般的で、履歴書テンプレートはこのようになっています。ただ、このテンプレートは、最大公約数的に作成されたもので、みなさんの見栄えを良くするために多少の追加・変更は問題ありません。「職歴」の欄にはインターンシップを入れるべきですし、自己PRの欄には、自己分析・成功体験等は入れておきたいところです。その意味で、大学が指定している大学生用の履歴書テンプレートは新卒の就活生に向けてつくられているので、それを使用するのが便利です。

なお、わが国の慣習として、履歴書は手書きである場合もあります（手書きの履歴書の数は急速に減少してはいます）。その場合は、時間をかけて丁寧に書くことが重要です。手書きの面倒なところは、字を間違ってしまったらやり直しがきかないこと。どんな些細な間違いでも、再び書き直すことが鉄則で、修正ペンや修正テープを使うことはできません。消せるボールペンを使うのもNGです。

　第2に、履歴書では**余白をなくす**ということが不可欠です。きっちりすべての行を埋めることが必要です。**文字の量で人事担当者に熱意を見せる**のです。全体を見て余白が目立っていると、やる気がないふうに見えてしまいます。どうしても余白が残るようだったら、学歴の欄に卒業した中学校から記載しても良いですし、場合によっては小学校から書いても良いです。その場合、右に余白が残ってしまうので、「○○市立○○中学校」といったように「○○市立」と付け加えると右の余白が減って良いかもしれません。とにかく縦も横も余白ゼロを心がけてください。

　履歴書は基本的に加点方式です。採用担当者の琴線に触れるものがどれだけあるかで勝負が決まります。ですから、なるべく多くの情報を採用担当者に与えることが書類選考で振り落とされない方法となります。その意味でも、情報、字数を多くして、たくさん読ませるということが必要になってきます。

　第3に、**履歴書は自分の経歴をバカ正直に書くものではない**、という点を知っておいてください。ウソを書いて良いというのではありません。ただ「盛る」ことは許されるのです。**正直に**

PART 2 ｜ 理論編　　93

書けば50点の履歴書でも、多少の「盛り」で60点くらいにすることは可能であり、許されるものです。就職活動に関する本の中には、「ありのままの君で勝負すべき」、「正直が最良の戦略」といったふうに正直であることが美徳であるかのように書いてあるものを散見しますが、とんでもないことです。可能な限り「盛る」、これが正解です。

第4として、履歴書に貼る写真にはお金を投資することが不可欠です。企業側が学生の見かけを知る唯一の手段が写真です。どのような見かけで、どのような表情なのかのおおよその情報は写真によって分かるのです。その重要な写真を駅前にあるような証明写真機で撮る写真にするのか、就活用の写真を撮り慣れている写真館で撮ってもらうのかでは雲泥の差です。写真が良すぎて、面接で本人に会ったときにがっかりするのではないかという心配は必要ありません。なにしろ、履歴書が通らないことには、面接に呼ばれないのですから。

大きさは必ず履歴書に記載されているサイズにしなければなりません。通常は4×3センチメートルで、小さすぎたり大きすぎたりすると誠意を疑われます。また、はがれた場合に備えて、写真の裏には名前と大学名を必ず記載しておきましょう。

RULE 21

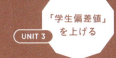

「学生偏差値」を上げる方法 1
基本的な礼儀作法を実践する

　UNIT 2では、企業がどのような人材を求めているかについて10項目に分けて説明しました。圧倒されてしまった読者もいるかもしれませんが、心配いりません。10項目すべてに優れているという学生は皆無ですから。**あくまでも企業側は総合点で審査しますし、10項目のうち1つに秀でていれば、それだけでも内定がもらえる可能性もあります**。ただし、企業偏差値が高くなればなるほど、学生に求める偏差値も高いものになりますので、みなさんとしては少しずつ偏差値を上げていくことが必要になってきます。

　そこで、UNIT 3からは、みなさんの学生偏差値を上げる理論的方法を伝授していきます（具体的に学生偏差値を上げる秘訣はPART 3を参照ください）。対応策も10項目あり、それらをまとめたのが次ページの図表3－1です。どれも重要ですので、これからひとつひとつ項目を分けて解説していきます。

RULE	学生偏差値を構成するもの	説明	UNIT 2に対応するもの
21	基本的な礼儀作法	最も基本的で重要な挨拶ができることや礼儀作法を実践することが不可欠	RULE 11、17、20
22	言語化能力	自己分析、ガクチカ、志望理由を言語化して、面接官に伝達する。面接において重要な要素	RULE 11、18
23	地頭の良さ	基礎学力は筆記試験によって審査。頭の回転の速さは「フェルミ推定」や、「ケース面接」で審査	RULE 12、13、14
24	学歴	東大を頂点として旧帝国大学[5]の国立大、一橋大、東工大（現・東京科学大）、早大、慶大が続く。そのあとにGMARCH、関関同立。企業によっては大学名で足切りするところもある	RULE 11、12

▲▶ 図表 3-1 学生偏差値を構成する要素

RULE	学生偏差値を構成するもの	説明	UNIT 2に対応するもの
25	資格	英語や第二外国語、会計学に関する資格等を有していると魅力的	RULE 12、16
26	長期インターンシップ	自分の「ガクチカ」のコンセプトが、インターンシップやアルバイトという形でどのようにつながっているかが重要	RULE 16
27	グローバル人材	企業の国際化が進む現実から、英語力、国際適応力は不可欠	RULE 16
28	リーダーシップ経験	リーダーシップ経験、スポーツ経験、性格の良さもアピールすべき重要な要素	RULE 15
29	OB・OG訪問の数	志望理由の裏づけや、熱意を表現するという意味でOB・OG訪問は不可欠	RULE 15、18、19
30	ギャップ	「ミステリアス」、「もっと知りたい」と思わせることも面接では重要	RULE 11、17

PART 2 ｜ 理論編　　97

学生偏差値を構成する最初の要素は、性格の良し悪し、体格、見かけ等々いろいろあるのですが、ここでは「基本的な礼儀作法」を特筆しておきます。とくに実践してほしいのは、**礼儀作法、マナー、美しい言葉づかい**です。RULE 20でも述べたように、履歴書の書き方も簡単そうで難しいという人もいます。たとえば海外生活が長い帰国生や、日本滞在期間の短い留学生は日本のしきたりについて精通していないので、日本社会で適応できるか企業としても心配なところです。

　帰国生や留学生でなくても、面接ではさまざまな年齢層の社員が行なうため、礼儀作法がしっかりできていれば印象が良いですし、基本ができなかったらそれで落ちてしまいます。会社のエレベーターに乗ったときの位置取り、面接の控室で待つ態度、面接室への入り方、最初の第一声、座ったときの腰掛け方、カバンの置き方等、礼儀作法をチェックされるところは多々あります。

　言葉づかいも常識を問われる基本です。大学生がとくに下手なのは、褒められたときの対応です。たとえば「良い答えだね、頭良いんだ」と言われたときに、
・「そんなことはありません」
・（首を振って）「いえいえ」
と答える学生がいます。ひどい答えです。相手がせっかく褒めてくれているのに、平気で否定してしまうなんてことはあってはなりません。
　正しい受け答えは、
・**「恐縮です」「恐縮でございます」**
・**「恐れ入ります」**

が最高の答えとなります。「ありがとうございます」でも良いのですが、ここは万能の「恐縮です」「恐れ入ります」を覚えておきましょう。あらゆる場面で使える普遍的な美しい言葉です。

また、主語を表わす言葉として、ふだんの生活では「僕」「俺」「わたし」「自分」等を使う方が多いかと思いますが、**面接の場では男女問わず、「わたし」や「わたくし」が良いでしょう**。

なお、礼儀正しい人は、印象が良いということですから、RULE 17で述べた「一緒にいて楽しい人」に呼応しています。礼儀が悪い人より良い人の方が一緒に働きたいと思うはずです。この意味でもぜひ基本的な礼儀作法は習得してほしいところです。

視点を変えて、それでは会社側はなぜ礼儀作法を大切にするのでしょうか?

それは礼儀正しい人の方が仕事に成功するからです。会社でやりたいことができたとき、あるいはプロジェクトを任されたとき、会社組織であるがために、社内のいろいろな部署や外部の企業や官庁と交渉に当たらなければなりません。これが難しい。反対する人、反応が悪い人が出てきてしまいますが、そういう人たちの協力が必要になる場面が多々あるわけです。そのときに礼儀正しい人は好感が持て、そうであるからこそ、その人たちの協力を得られることができます。**基本的な挨拶ができて、時間に正確で、根回しができて、気配りができる人の方が、そうでない人よりずっと成功の確率が上がり昇進していく**ことになります。

PART 2 | 理論編　　**99**

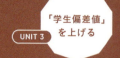

| RULE 22 |

「学生偏差値」を上げる方法2
言語化能力を上げる

　ここまでで、何度か「言語化」という言葉を使用してきました。普段、ほとんど使わない言葉ですが、**就職活動では「言語化」が非常に重要**です。一般的には「コミュニケーション能力」という場合もあるでしょうが、ここではあえて「言語化」とします。

　それというのも、自己分析にしても、ガクチカにしても、企業の志望理由にしても、すべて就活生の頭の中に正解があって、それらについて言葉を使って説明するのが、就職活動というものだからです。

　自己分析の質問として「人生に最も影響を与えた経験を教えてください」と聞かれますが、それは本人しか分かりません。「大化の改新を説明してください」とか「渋沢栄一の最大の功績はなんですか？」だったら、正答があったり事前に情報があったりしますので、多少荒い言語化でも、相手が納得してくれます。しかし、本人しか知りえない経験や考え方は、本人が言語化して分かりやすいように説明しなければなりません。ですから、あるときは情景が浮かぶように、あるときは涙を誘うように、あるいは「この学生、おもしろい」と思わせるように、自在に語る必要があるのです。

　これを「言語化」と呼びます。ですから、自分の経験をそのまま正直に言う必要はありません。**多少の「盛り」は許される**

のです。内定が目的ですから、自分に不利なことを言わずに相手を説得する必要があります。

たとえば「あなたの長所と短所はなんですか？」という質問です（詳しくはRULE 35でお話しします）。あなたの長所が「1日12時間寝ることができる」であり、短所が「すぐ怒る」でも、そのとおり言ったのでは内定は永遠にもらえません。**自分に不利になる長所・短所を言う必要はない**のです。

このように、面接では、ネガティブな情報はなるべく言わず、ポジティブな言い方にする必要があります。自分から弱みを見せる必要はありません。たとえば、「仕事が遅い」というのは「仕事が丁寧」という言い方になりますし、「気が利かない」というのも「物事に動じない」というふうな言い方をすべきです。「友だちがいない」というのは「自立している」ということですし、「趣味がない」というのも、「仕事一筋」となります[6]。**モノは言いようであり、頭は使いようなのです。**

たとえば、長期インターンシップをして、実際の仕事がお茶運び、電話とり、コピーとり、フローリング掃除であっても、そのまま言うことは推奨しません。「接客対応」、「会議用資料の整理」というような文言で相手に興味を持たせる話し方を心がけると面接を通過する確率が格段に上がります。インターンシップでやる簡単な業務でも、相手に良い印象をあたえるように誇張するべきなのです。嘘を言っているという意識ではなく、丁寧に言葉を選んでいるだけと思えば良いのです。就職活動における面接とは、まさしくこの言語化能力をテストするものだと思ってください。

なお、言語化能力とは決して「たくさん話す」能力ではあり

PART 2 ｜ 理論編　101

ませんので念のため。就職活動における言語化能力とは、飲み会におけるトーク力ではありません。話があっちこっちいってしまい、会話の目的は何か？　としばしば当惑してしまうこともあります。一見、能力が高いふうに見えますが、真逆に位置しています。

　言語化能力が高い人とは、前述した地頭の良さや長期インターンシップを、面接官に上手に表現してくれる人です。いくら聡明であっても、それを言葉によって表現する能力がなければ相手に伝わりません。

| RULE 23 |

UNIT 3 「学生偏差値」を上げる

「学生偏差値」を上げる方法3
地頭を鍛える

　第3番目として、「地頭（じあたま）」を鍛えることの重要性を指摘します。ここでいう地頭とは、先天的な地頭の良さと後天的にそれを鍛えたものの両方を指します。

　企業が地頭の良さを求めるのは、企業に入ったあとの成長の「のびしろ」を期待してのことです。そもそも地頭の良さは大学の成績では計れないとの認識があり、成績よりもこの地頭を重要視しています。

　それでは、企業における「地頭の良さとは何か？」となります。とくに3つの構成要素が重要です。

　1つ目は、**論理的思考**です。与えられた課題を体系的に整理し、矛盾や飛躍のない筋道を立てる思考法ですが、要点をまとめてプレゼンをする能力も含みます。テストセンターで受けるSPI試験における「言語」や「非言語」である程度分かるものです。とくに、「言語」における長文読解問題や「非言語」分野における推論や順列・組み合わせ問題で問われるものです。

　2つ目は、**合理的思考**です。課題（たとえば就職活動で内定を獲得するにはどうしたら良いのかという課題）を認識したときに、いかに効率良く最短距離で解決できるかという能力です。効率的に行動できないと無駄ばかりで短時間で解決できません。企業に就職した後は、日々合理性を追求して仕事をすることに

PART 2 ｜ 理論編　　103

なります。

3つ目は、==対応力==です。将来は何が起こるか不透明です。明日、突然、仕事上で危機が訪れるかもしれません。ですから、その問題に対して適切に対処できる能力があるかどうかが問われるところです。いわゆる危機管理能力ですが、あわてふためいてフリーズしてしまう人よりも、泰然として対処できる人の方が企業では求められる人材です。

この点が問われる場面は、「==圧迫面接==」です。圧迫面接とは、意図的に学生に対して威圧的な態度をとったり、難しい質問を与えたりして、そのプレッシャーの中でどのような対処をするかを知ろうとするものです。なお、近年では、企業のイメージダウンにつながる危険性があること等から、圧迫面接は減少傾向にあります。

では、どうしたら地頭を鍛えることができるのでしょうか？

1つ目として、==「ケース面接」の練習で上記の能力を鍛えていく==ことを推奨します。論理的思考、合理的思考、対応力を試す方法としては「ケース面接」の練習がうってつけです。1人で実施する「壁打ち」でも、友だち同士で問題を出し合うチームワーク方式でもよろしいので、大学3年生になったら模擬面接をすることが重要です。

2つ目として、頭が良さそうなふりをすることも学んでほしいです。どうしたらそんな都合の良いことが可能となるのか？次の話し方を実践してください[7]。

まず==結論を先に述べる==ことです。文章でも口頭でも、先に結論を言ってから、理由の数を示し、おのおのの理由を述べるというのが論理的な話し方です。たとえば「（わたくしは）その意

見に賛成です。理由は３つあります。１つ目は〜」といったような方法です。

次に**「５Ｗ１Ｈ」を明確にする**ことです。５Ｗ１Ｈとは

- いつ（when）
- どこで（where）
- 誰が（who）
- 何を（what）
- なぜ（why）
- どのようにして（how）

という基本情報です。この６つのポイントを押さえて話すと、会話の受け手は正確なイメージを持つことができ、相手との距離を縮めることが可能となってきます。

なお、**自分の弱みを見せないことも重要**です。大学生の中には自分の弱点をことさら述べて、許してもらおうとする人がいます。たとえば「緊張していてうまくできないかもしれませんが、がんばります」とか、「その点についてはよく調べていませんが、〜だと思います」といったような表現です。なんでわざわざプレゼンをする前から「負け」を認めてしまうのでしょうか。緊張しないプレゼンはありませんし、うまくできたかどうかの評価は自分で決めるものではありません。せっかくのプレゼンをいきなり「負け」から入ったら、それでゲームオーバーです。**弱いところは隠して、強いところを強調する**、これ、面接の鉄則です。

この点は非常に重要なので、何度も繰り返して述べることになります。とくに「結論ファースト」は面接では普遍のルールですので、実践編のRULE 44で詳しく述べます。

PART 2 ｜ 理論編　105

RULE 24

「学生偏差値」を上げる方法 4
学歴の現実を知る

　「学生偏差値」を構成する4つ目が「学歴」です[8]。

　日本の就職活動において「どの大学で何を学んだか」は、内定に関係するという事実を認めなければなりません。**学歴によって、就職後の能力に差があるという判断を企業がしている**ということです。これは否定しようのない事実です。それが良いとかいけないとかの問題ではありません。むしろ、その事実をどのように利用するのか、あるいはどう克服するのかという点が重要です。

　東京大学、京都大学といった旧帝国大学や、私立の中で偏差値の高い早稲田大学や慶應義塾大学といった大学に通っている人はいかにその立場を利用するのかというのが重要ですし、偏差値的にはそれ未満の大学に通っている人は、いかに学歴のハンディを克服するのかというのが課題となります。

　世の中、たいへん厳しいです。一所懸命勉強して偏差値の高い大学に入学した学生は、その分、メリットを享受できるのです。他方、偏差値が高くない大学に入学した学生は、その分、ほかの面で学歴のハンディを克服しなければならないということになります。

　しばしば「どの大学で学ぶかは重要ではない、大学で何を学ぶかが重要である」なんていう言葉を聞きます。日本が学歴社会である前提からすると、偽善ですね。もちろん、大学で何を

学ぶかも重要です。でも、偏差値の高い大学であればあるほど、大学の設備が整い、教授陣も充実していることは確率的に高いと言えることです。ですから、偏差値の高い大学に入った学生の方が良い教育を受けた可能性が高いと言えるのです。

就職活動においては、とくに**大手企業では学歴で足切りをする傾向があります**。それではどうやって学歴で足切りをしているのかの裏事情をお話しします。差しさわりがあるので、その企業をA社としておきます。A社では、毎年100人程度の新卒者を採用します。誰でも知っている企業だし、年収も最高レベルですから、全国から数千人が応募してきます。その採用の可否を決めるのは人事部という部署です。

人事部では、毎年、どの大学から何人採用するというのがあらかじめ決められています。大学で区別しないというのは表向きのリップサービス。卒業する大学でだいたいの枠が決められているのです。もし大学という枠がなかったら、100人全員が東京大学や京都大学といった旧七帝大の国立大学出身の学生になってしまうことが考えられますし、あるいは、逆に全員が地方の大学の出身者になってしまうことも考えられます。どちらの場合でも、社長から大目玉を食らいます。

ですから、毎年、たとえば、東京大学、京都大学、一橋大学といった大学からは40人、早慶上智からは30人、GMARCH・関関同立からは10人、そのほかの国立大学からは10人、そのほかの私立大学からは10人といったように、大枠が決められています。

上記の場合の合格率を単純計算します。東京大学、京都大学、一橋大学の毎年の入学者はおおよそ7,000人です。仮に、7,000人全員がA社にエントリーした場合、内定率は40÷7,000で

PART 2 | 理論編　107

5.7％になります。同様に、早慶上智の一学年の学生数は約2万人。したがって、30÷20,000で1.5％です。同じように計算すると、GMARCH・関関同立は10÷60,000で0.017％となり、そのほかの地方の国立大学や私立大学からの内定率はかなり悲観的な数字になってしまいます。

このような就職活動時における例はきりがありません。**大学ブランドは日本社会において歴然として生きている**ことだけは理解してください。

ところが、です。A社の採用方法に関して、もう1つ学生のみなさんが承知しておかなければならないことがあります。それは、偏差値の高い大学に入ったからといって、確実に内定がもらえるというわけではないということです。

上記の例で言えば、東京大学、京都大学、一橋大学からは40人の内定が出るということは他大学に比べて内定率は高いですが、全員が合格できるということではありません。つまり、**ライバルは、他大学の学生ではなくて同じ大学内にいる**ことになります。この場合、自分の大学がブランドとして使えないのです。ある意味、悲しいです。せっかく苦労して優秀な大学に入ったのに、その事実を強みとして使えないのです。なにしろライバルは自分の大学の同級生であるということですから。

というわけで、偏差値が高い大学に入ったからといって、企業偏差値が高い企業に入社できるわけではありません。実は同級生、同学部生、さらには同ゼミ生がライバルです。その人たちとの差別化を図らなければならないのです。

| RULE 25 |

UNIT 3 「学生偏差値」を上げる

「学生偏差値」を上げる方法5
資格を獲得する

　5つ目に重要な資質は「**資格**」です。

　資格の重要性については、Kさんという学生を例としてお話しします。Kさんは文学部でフランス文学を学んでいましたが、なんと総合商社を第一志望の業界にしていました。フランス文学と商社って水と油の関係で、内定を獲得するのはほぼ不可能です。フランス文学を学んだ学生が、フランス文学を扱う出版社に就職したいというのだったら問題ありませんが、国を問わずモノの販売を業務の中心に行なう総合商社を希望するのは無謀です。通常は書類選考でアウトです。

　ところが、Kさんの経歴はすごいのです。小学校のときに父親の仕事の関係で5年間、フランス語圏である西アフリカのセネガルに住んでいました。そのためフランス語は堪能でフランス語検定1級を取得していました。英語もインターナショナルスクールに通っていた関係で、TOEIC®は970点でした。トリリンガルということです。また、セネガルという発展途上国に5年居住していたというのもプラスの要素です。商社の仕事の多くは発展途上国との取り引きですから。さらに、大学2年生のときに、西アフリカの国の在日大使館で長期インターンシップも行ない、通訳としてわが国との外交関係にも精通しました。結局、Kさんは5大総合商社の1つに内定を獲得し、現在でも勤務しています。

PART 2 ｜ 理論編　　109

どうです、説得力がある経歴でしょう。

ここで何が言いたいのかというと、**数字で表わせる「資格」および「客観的なデータ」としてアピールできるものが必要**ということです。Kさんの場合、履歴書的には、「仏検1級」、「TOEIC® 970点」、「発展途上国在住5年」という3つもの客観的な数字を提示できています。就職活動では、とにかく客観的な数字でアピール。これがたいへん重要です。

その対極にあるのは、「私は、我慢強さでは誰にも負けません」等といったアピールです。悲しいくらいに無意味です。我慢強さで誰にも負けないというのは、世界一、我慢強いということです。我慢強さを競う世界選手権で優勝でもすれば、「誰にも負けない」と言えますが、そんな選手権はありません。

それと同じように「中国語が得意です」というのも意味がありません。あなたが「中国語が得意」と言っても、**得意とか不得意というのは主観的な判断であって他人は必ずしも納得しません**。しかし、「中国語検定のHSK 6級」といった客観的データがあれば面接官は納得します。「資格」や「客観的な数字」でアピールするということを再度強調しておきます。

どんな資格をとるのか迷って決められなかったら、「**簿記**」あるいは「**英語に関する資格**」をお勧めします。

会社組織には大きな2つの流れがあります。1つは人の流れ、もう1つはお金の流れです。人の流れは人事担当者が把握していますが、普通の従業員はアクセスできません。もう1つの会社におけるお金の流れを把握することは、みなさんの将来の昇進を決定すると言っても良いくらい重要な知識です。日本人の数学的知識が著しく劣化してきているために、簿記を難しく感

じる人が増えていますが、内定をとるためには、簿記の知識は不可欠です。貸借対照表を理解できないのでは、会社の健全経営は不可能です。

英語力をアピールするならば、英検1級、TOEIC®なら900点以上、TOEFL®なら100点以上はほしいところです。仕事上では、当然、専門用語を知る必要がありますし、現実では、文法が合っているかどうかというよりも、現地の人々とコミュニケーションがとれるかどうかも重要となります。日本人が不得意とするジョークを交えた会話と専門用語を使ったビジネス英語の両方に精通していることをアピールできれば最高です。

また、学生の本分は学業で、サークルやアルバイトではありません。ですから、**大学に関するものがアピールポイントになります**。その中で「成績」がありますが、成績が全Aであれば、それは「売り」になります。また、好成績ゆえに「奨学金」を取得していれば、これも大きな「売り」の1つになります。とくに貸与ではなく返済の必要のない「給付型奨学金」は大きな売りです。もらっている人は、しっかり履歴書でアピールしたいものです。

要約すると、**資格がゼロというのは、履歴書的に好ましくなく、資格の1つや2つは必ず履歴書に盛り込みたい**ところです。わが国には、何百という資格試験があります。たとえば、「財務、会計、金融」といった分野だけでも、日商の簿記試験や公認会計士の他に、何十といった資格試験があります。容易に取れるものもあるので、1つでも取得してほしいものです。

PART 2 | 理論編 111

RULE 26

「学生偏差値」を上げる方法6
長期インターンシップを複数する

　令和の時代では、長期インターンシップは、就職活動における最も重要な要素の1つです。とくに「ガクチカ」のコンセプトを構成するものとして、大いに推奨するものです。なぜなら、**インターンシップなしでコンセプトを構成するのはほぼ不可能**だからです。

　私が言っているのは、企業が学生を青田買いするためにもうけた短期間（ワンデイ、5日間等）のインターンシップや、内定直結の企業インターンシップを指しているのではありません。両方とも内定のためには必要な場合もありますが、ここでいうインターンシップはあくまでも**ガクチカを充実させるための長期インターンシップ**です。

　最近はどの業界でも長期インターンシップを実施している企業がありますので、自分のコンセプトに沿って行なうのがベストです。

　具体的に説明してみましょう。ガクチカのコンセプトを「デジタル・マーケティング」にしたとします。インターネットが普及したこと、マス広告によるPRに普遍性がなくなってきた不可避な流れを前提として、消費者にデジタルツールを通じて販売促進を行なっていく手法をデジタル・マーケティングと呼んでいますが、授業でこの分野を教えている大学はほとんどありません。したがって、これをコンセプトにするには、実践的

にIT企業でインターン生として働くことでのみガクチカが成り立つわけです。

ガクチカ的には、次のような出だしになります。

> **在学中は一貫してデジタル・マーケティングを学んでいる。父が野菜農家でネットビジネスを全国展開していることから、幼少より、インターネットを通じて財とサービスを顧客に提供することに興味を持ってきた。大学入学後は、学部で企業経営論や統計学を履修し、マーケティング理論を学ぶとともに、大学2年次では、半年間、<u>株式会社〇〇でインターンシップを行なったこと</u>で、企業の商品やサービスの認知度を向上させ売上を伸ばす戦略の立案に携わり、実践的なマーケティングを学んだ。**

どうですか。素敵な出だしになっているでしょう。

「父親」が「きっかけ」として登場して仲の良いふうに書かれていますが、実際に仲が良くても悪くても関係ありません。それなりの「きっかけ」を書いた方が書類選考に通過しやすいので、枕詞として置いた程度のことです。「役に立つんだったら、親でも使え」の精神です。学部は経営学部あるいは商学部になっていますが、もちろん同様な授業を受講していれば、別の学部でも問題ありません。

また、上記では半年間1ヵ所でインターンシップをやったことになっていますが、実際には、6ヵ月で1ヵ所よりも、3ヵ月で2ヵ所の方が断然有利です。たとえば、上記の下線を引いた箇所が、「3ヵ月間ずつ、B to BのIT企業である（株）YY、およびB to CのIT企業である（株）ZZでインターンシップを行

PART 2 ｜ 理論編　　113

なった」になります。こうすれば、B to B、B to Cと対比ができるので、ガクチカが一段と輝いてきます。インターンシップがいかに強力な武器になるか、お分かりになったことでしょう。

　最後に、リクルート社が発行している『就職白書』からインターンシップの現状について、全体像を把握しておきましょう。この『白書』によると、==企業の約75%がインターンシップを実施しています==。就活生は、そのうち平均7.3社参加しています。結構多いですね。ただし、そのほとんどが一ヵ月未満の短期で、前述したような企業の広報、学生の青田買いを目的としているものです。==2ヵ月以上の長期インターンシップになると、全体の2%程度の学生しか参加していません==ので、ここでいう長期インターンシップが差別化を図る意味で重要であることが分かっていただけるはずです。

　長期インターンシップはガクチカで不可欠ですので、RULE 36〜39で再度その重要性を強調します。

| RULE **27** | UNIT 3 「学生偏差値」を上げる

「学生偏差値」を上げる方法7
「グローバル人材」になる

　わが国は島国なために、政治・経済・社会・文化の側面においてガラパゴス化する傾向がありましたが、今後は**「グローバル化」が不可避なトレンド**です。ですから、どんな企業に勤めようと、みなさんもグローバル人材にならなくてはならないのです。

　「グローバル化」とは、文化的、社会的、経済的活動が国境を越えて自由に行き来する現象を指していますが、**今後はさらに加速されることが予想できます**。たとえば、現在では、自由貿易という形で関税障壁がなくなり、モノやサービスが自由に行き来することができるようになりつつあります。さらに、欧州連合（EU）やラテンアメリカ諸国の間で見られるように、モノやサービスに加えて、人も国境を越えて自由に行き来する時代でもあります。

　グローバル化とは、生産される商品が日本国内で消費されるばかりでなく、今後はさらに世界規模で消費されるようになることも意味します。そのために、商品は世界市場に向けて積極的に売っていかなければならないということになります。トヨタ自動車、本田技研工業といった企業が生産する自動車や、日立製作所、パナソニックといった企業が生産する電気製品は、世界規模で売られています。今後は、WTO（世界貿易機関）やTPP（環太平洋パートナーシップ協定）等での合意を踏まえて、

PART 2 ｜ 理論編　　115

第一次産業の農産物まで海外に目を向けて生産しなければならない時代となりました。

　他方、売る側ばかりでなく、買う側もグローバル化の影響を多大に受けています。私たちは、生活必需品から娯楽用品に至るまで日本以外でつくられたモノやサービスを購入していますし、食料自給率は38％前後を推移していますので、60％以上は海外に依存しています。また、わが国のエネルギーの自給率はたったの10％あまりなので90％近くは海外から第一次エネルギーを輸入している状況です。貿易障壁が撤廃されて関税のない自由貿易が推進されていく中で、海外からのモノとサービスはさらに増大していくことになります[9]。

　このような状況に鑑みれば、みなさんがすべきことが見えてきます。優先順位が高いもの３つを挙げるとすれば、

① 海外の環境への適応力を習得する
② 語学力を鍛える
③ 海外の人々とのコミュニケーション能力を高める

となります。

　第１の海外の環境に適応する能力は、帰国生なら自然に習得しているでしょうが、純ジャパ（海外経験がない人）の学生は会社に勤務してから初めて海外赴任となるとぶっつけ本番ということになります。日本と海外では、文化の違いがありますし、マナーや習慣も異なります。可能であれば、大学時代に留学なり旅行なりで学んでほしい点です。

　第２に、語学力として英語の運用能力が必要です。英語は、フランスでもイタリアでも中国でも使っている言語です。第二外国語をやるのも良いですが、その前に第一外国語である英語

の習得が必要です。実用英語として、TOEIC®なら900点以上、TOEFL®なら100点以上はほしいと前述しました。

　さらに、仕事上では専門用語を知る必要がありますし、文法より現地の人々とコミュニケーションがとれるかどうかの方が重要です。日本人が不得意とするジョークを交えた日常会話とビジネス英語の両方を学んでいく必要があります。

　やりがいがあって高給な仕事は日本から減少しているという事実に鑑みて、就職後の人生では、**素敵な仕事を海外に追いかけていけるだけの能力を身につけていってほしい**と願っています。

| RULE 28 |

「学生偏差値」を上げる方法8
リーダーシップ経験を積み上げる

　企業としては、内定者に将来は会社を背負っていってもらいたいと考えます。総合職であれば、致命的なミスをしない限り、係長、課長、次長、部長くらいまでは昇進していき、その昇進に応じて、部下が増え、責任が増大していくことはRULE 15で述べたとおりです。その後も順調であれば、本部長、常務、専務、副社長、社長、さらには会長と登り詰めていくことになります。

　ですから、大学時代にリーダーシップ経験があるかどうか、どのようなリーダーシップを発揮したのか、さらには将来上司として部下をまとめていける可能性があるのかについて面接官から聞かれるのは当然のことです。典型的な質問は

※　**リーダーシップ経験を教えてください**

です。

　このように相手が直球を投げてきた場合には、こちらも直球で返したいところです。ところがしばしば「リーダーシップ経験はありません」なんていう学生がいます。それだけは絶対に避けなければなりません。どんな昔のことでも些細なことでも良いので（副キャプテンでも、副部長でも、小さいプロジェクトのリーダーでも良いので）、リーダーシップの質問に実直に答えるようにしておきたいものです。

　リーダーシップの経験を話した後は「どのようにリーダーシ

ップを発揮しましたか？」と続くのが一般的ですので、この質問にも対応できる答えを用意しておきましょう。

米国の心理学者ダニエル・ゴールマンは『EQ　こころの知能指数』（講談社）においてリーダーシップを分類してその特徴を分析していますが、その中で就職活動に使えるものとしては以下の４つがあります。

① **ビジョン型リーダー**

　　例：ブレない信念を持ち、チームの夢に向かって鼓舞しながらチームをまとめた

② **コーチング重視型リーダー**

　　例：部員の長所を生かして最高のチームができるようにした

③ **調整型リーダー**

　　例：引っ張っていくというよりも、部員の話を聞いて調整しながら、１つの方向に向かうようにしていた

④ **ペースセッター型リーダー**

　　例：部員に細かい指示をすることなしに、自分から率先して模範的行動をして、部員に追随をうながした

どれも正答です。実際に経験した逸話で裏づけして話すことが重要です。

たとえば、ビジネスコンテストに出場して調整型リーダーシップを発揮して優勝した場合には、「途中、議論が白熱しすぎて、仲間どうしの関係にひびが入ることもありました。その場合は、まずお互いの意見を十分に言ってもらい、その中から、共通点を発見したり、妥協できる点を見つけだしたりして、共通の目的である優勝に向けて鼓舞していきました」というような典型

PART 2 ｜ 理論編　　119

的な答えになります。

　なお、上記の「リーダーシップ経験」の有無に関する質問は、形を変えて、

※　あなたは集団や組織においてどのような役割・立場を担うことが多いですか？

といった質問になることがあります。どれもリーダーシップ（と器の大小）に関する応用問題ですから、しっかり自分のリーダーシップ経験を仄めかすことができるように練習しておいてください。

UNIT 3 「学生偏差値」を上げる

| RULE 29 |

「学生偏差値」を上げる方法9
OB・OG訪問をする

　学生偏差値を上昇させる9つ目の方法は、OB・OG訪問です。たいへん重要なことなのですが、これが実に面倒くさいです。どうアクセスすれば良いのか分からないし、訪問で生じる効果も定かではありません。そもそも希望する会社以外には使えないってこともあります。会社説明会で人事担当者に話を聞けば十分ではないか、面接の練習なら志望度の低い会社ですれば良いとか、採用選考基準にもOB・OG訪問は関係ないと書いてあった等、そのためにOB・OG訪問を怠る学生が非常に多いです。

　とんでもありません。志望順位で上位の会社にはOB・OG訪問は不可欠です。実際の面接においても

※　**OB・OG訪問はどのくらいしましたか？**

という質問は必ずと言って良いほど行なわれます。

　上記の質問に的確に答えることも必要ですが、OB・OG訪問には少なくとも4つのメリットがあります。

　第1に、前述したとおり、**会社の実情を知ることができる**点です。そもそも会社の実情を知らない場合や、その会社が自分に合っているかどうかが分からない場合もありますので、それを直接社員に聞けるというのはたいへん有益です。会社説明会では、その企業の良いところしか聞けませんが、OB・OGとの

PART 2 ｜ 理論編　121

一対一の対面では、改善できるところ、ほかの人には恥ずかしくて聞けない質問等、なんでも聞くことができます。入社して期待していたものと違ったと思い辞めてしまう事態を招かないためにも、事前にOB・OG訪問をして、その会社を知ることは大切です。

第2として、OB・OG訪問をすれば、==面接のときに志望動機や熱意を伝えやすい==です。たとえば「御社のOB・OG訪問は10人以上にしたのですが、例外なく全員魅力的な方たちで、将来はこのような上司のもとでぜひ働きたいと思いました」と言うことができます。「御社の創立理念に共感しました」等という訳のわからない志望動機を語るより断然アピール度が高いです。また、1人よりも2人、2人よりも5人、5人より10人と、人数が多くなればなるほど、面接官にOB・OG訪問数を述べて「御社への熱意」として伝えることが可能となります。可能な限り人数を増やしたいものです。

第3に、==OB・OGから直接、アドバイスを受けることができます==。なにしろ社員ですから、その会社への就職活動は経験済み。どのようにしたら内定がとれるのか、面接ではどんなことを聞かれるのか、志望理由はどのように言えば効果的なのかについて、すべて答えを知っているのです。また、親切なOB・OGは「ES、いま持ってる？」と聞いてくれて、志望動機に関するESを添削してくれる場合もしばしばあります。

第4として、==社員が就職活動生に評価をつけ、人事に報告するしくみの会社があり、その場合、書類選考をパスできる有意義な機会になっています==。昼食をとりながら、じっくり話を聞いてくれる場合等はとくに面接審査が行われていると思ってください。ですから、目上の人に対し礼儀やマナーを意識しなが

ら真摯に対応することが求められますし、箸を上手に使う、食べ物が口の中にあるうちに話さない等、食事のマナーも気をつけたいところです。打ち解けてきたからといって「タメぐち」をきくのは絶対にいけません。**面接の一環であるという認識を持って、十分に準備してからOB・OG訪問を行ないましょう。**

ゼミの先輩や友人の伝手で、OB・OGに連絡をとる場合が多いです。大学内に設置されているキャリアセンターに行けば、適切なOB・OGを紹介してくれる場合もあります。またOB・OGを紹介してくれるマッチングアプリもいくつかありますので、それを使うこともできます。

それでも難しかったら、強行突破するという手もあります。私のゼミでI君という学生がいたのですが、I君が第一志望とする企業には、残念ながらゼミからは1人も入社していませんでした。そこで、I君はどうしたかというと、わざわざその会社に行って、午後5時過ぎから玄関で待ち構えて、退社する社員に声をかけたそうです。結局、1日で7人の社員さんから会社の実情を教えてもらうことができて（その7人のうち1人が人事課の社員という幸運も重なり）、最終的には、見事、内定を勝ち取ったというエピソードがあります。

なお、**OB・OG訪問は、大学3年生になってから実施することを推奨**します。それ以前ですと、相手方も真剣にとりあってくれないのと、自分がめざす業界もしっかり決まっていないでしょうから無駄になってしまうことも考えられます。3年生から開始しても遅くないので、大学1～2年生は、OB・OG訪問は将来すべきことなのだと覚えておくことで十分です。

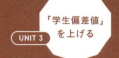

| RULE 30 |

「学生偏差値」を上げる方法10
「ギャップ」をつくる

　最後に「**ギャップ**」の重要性を強調します。企業としても良い意味でのギャップがある学生を「おもしろい人材」と考えているようです。そもそも恋愛でも就職活動でも、ギャップは重要です。ギャップとは意外性です。ギャップのある人は「底が見えないからもっと知りたい」、「ミステリアスで奥深い人間と思える」となり魅力的です。

　恋愛の場面のギャップとしては、たとえば「華奢に見えるのに筋肉質」、「いつもふざけているのにときどき真剣なまなざしになる」、「派手な見た目なのに料理上手」、「ふだんは冷静なのにとても涙もろい」等があり、このような人に遭遇すると、キュンとするという人もいることかと思います。

　このギャップは就職活動に応用できるもので、履歴書の中に素敵なギャップがあれば、「おもしろそうな学生だ。とりあえず面接に呼んで話を聞いてみようか」ということになります。このようなギャップをつくるためには、**まず自分を客観視して考えてみることが必要**です。みなさんには見かけなり性格なり強みなりガクチカのコンセプトがあるはずですが、それらを客観視して、どういうことを追加すればギャップを構成することができるかを考える必要があります。自分の顔を鏡で見て、優しい系なのかたくましい系なのか、おしとやか系なのかイケイ

ケ系なのかを決めることです。友だちに聞いても良いかもしれません。履歴書もどこが強みでどこが弱点なのかも知る必要があります。

たとえば、ガクチカが「コンピュータープログラミング」なのに、特技は水泳で「100メートル背泳ぎで全国大会優勝」等というのは魅力的に映ります。中学・高校時代での実績でも良いので、履歴書ではこのような特技に言及しておきましょう。

あるいは、女子校や女子大の出身で、また、いかにもお嬢様が通うような学校である場合には、趣味の欄に「ラーメン屋めぐり」とか「酒豪」とか書いてあると、履歴書を読んでいて「くすっ」と笑いがこぼれるものです。「この学生、おもしろい」となれば書類選考は通過しやすくなるものです。

なお、==ギャップの中で鉄板なのはスポーツに秀でていること==です。仕事の中には激務なものがありますし、残業も多いし、ストレスも多い場合があります。このような仕事に対してストレス耐性があるかどうかも重要な要素です。

面接官は、==みなさんが心身ともに健康であるかどうかを遠回しに（ハラスメントにならない程度に）聞いてきます==。自分の方から、体育会系のスポーツに所属している、フルマラソンを完走したことがある、登山が趣味、合気道初段といったスポーツが得意であることをアピールできれば、健康の証としてとらえてくれるので、そのような経験があれば積極的に履歴書で訴えることを勧めます。

通常、ギャップは履歴書の中の「特技」や「趣味」のスペースで表現します。たとえば「ドッグトレーナーライセンス」とか「園芸装飾技能士」資格の取得とか書いてあると面接官の興味

PART 2 | 理論編   125

をひきます。また、人によっては、「手品」、「立ち食いそばの食べ歩き」、「ヒッチハイク（47都道府県制覇）」、「ゲームのプログラミング」といったものでもギャップになるかもしれません。

PART 3

面接に備え、内定獲得の極意を知る

UNITS

- ☐ 1 就職活動の全体像を知る
- ☐ 2 企業側の採用論理
- ☐ 3 「学生偏差値」を上げる
- ☑ 4 書類提出の秘訣
- ☑ 5 面接の秘訣

第一志望内定のために
実践すべきこと

　PART 2の理論編が終わりました。理屈として企業側はどのような人材を求めているかも分かったことでしょう。また、第一志望企業の内定を獲得するためにはどんな行動が必要であるかも理解したはずです。

　次は、実践です。実際の履歴書、ガクチカ、ESといった応募書類をどのように書き、その後の面接ではどのように対応するのかが合否のカギとなります。

　PART 3は実践編として、細かな手ほどきをしていきます。大学3年生になって必要となってくるテクニックで、大学1〜2年生の読者は、現時点では深く知る必要はありません。将来の手順としてこういうものがあるというイメージを持ってくれるだけで十分です。

　さて、PART 3「実践編」のまえがきとして、3つの点を総括しておきます。その3つとは
① 　就活ノートをつけ始めよう
② 　就職活動は「チームワーク」、助け合う友だちをつくろう
③ 　就職活動には運・不運は必定と知る
です。

① 　就活ノートをつけ始めよう
　就職活動の極意は、面接→不合格→分析→改善→面接→不合格→分析→改善の繰り返しです。多くの場合、一発で内定というわけにはいきません。不合格があって、反省して改善すると

いう手順が次の面接への合格率を引き上げる手立てになります。そのために必要なのが、「就活ノート」です。就職活動に関するすべてを網羅してノートにつけるという作業が不可欠で、内定を獲得する学生が必ず実行しているものです。

就活ノートには何を書いていけば良いのか？

すべてです。まずは**自己分析のための「自分史」**（RULE 07参照）ですね。自分の過去を書き出して「自己分析」をノート上でしていきたいものです。自分の性格、長所・短所、自分の人生の「軸」は当然です。自分史を紐解く過程で「ガクチカ」を完成させるには、今後どんなインターンシップが必要なのかも分かってきます。

この本で解説してきた**「業界探し」、「企業探し」のプロセス**についても書いておくと自分の成長が分かります。業界研究では業界の特徴、所属する企業を書き留めること、企業研究では、企業ごとの主力商品、過去のヒット商品、新事業・新商品、利益の推移、福利厚生といった情報を整理します。

就職活動が開始されると、**企業説明会の日付、特徴、気づき**等を書いておかないと忘れてしまいます。OB・OG訪問に際しては、名前、連絡先をはじめ事前に考えておいた質問をノートに書いておいてその答えも追加します。日常的に気づいたことや反省点をノートになんでもメモしていくことです。反省して改善していけば「前回よりはレベルアップしている、学生偏差値が上昇している」と自覚でき前向きになれます。

履歴書・ESを出した企業の一覧と書類を提出した日付、ESの内容も記述しておくべきです。とくに数が増えていくと、どの企業にどんな内容のESを書いたか忘れてしまいますので、しっかり書き留めておくことをお勧めします。

PART 3 ｜ 実践編　129

面接に呼ばれたら、**面接中の会話はもちろん、面接官の年齢、雰囲気、仕草、表情まで詳細に思い出し、それに対し自分がどう感じたか**までもノートに書き込むことです。この振り返りをするメリットは2つあります。

1つ目は次回への対策が練られる点です。30分の面接の内容を書き出していくのに、2時間以上かかるかもしれませんが、この間、1つの面接を思い起こしていると、反省点がたくさん見つかります。

2つ目は、面接で落ちたときに、他人にアドバイスを仰ぐことが可能です。面接を録音するわけにはいきませんが、この振り返りノートさえあれば、他人からみた客観的なアドバイスがもらえます。うまくいったと思ったのに落とされたところと、落ちたと思ったのに通ったところの違い等が浮き出てくるかもしれません。

これを繰り返すと、自分を客観的に見ることができ、どんどん力がついていくはずです。同じ間違いは二度としないというための就活ノートでもあります。

② 就職活動は「チームワーク」、助け合う友だちをつくろう

実践編に入る前に第2番目として承知しておいてほしいことは、**就職活動は1人でするものではない**という点です。面接を受け、内定を勝ち取るのは自分自身ですが、そこにたどり着くまでのプロセスではチームプレーが鍵となってきます。就職活動は個人戦のように見えて団体戦なのです。

たとえば、就職活動を行なう過程では、自分1人で考えていると、思考が堂々めぐりになったり、精神的に追いつめられたりすることが幾度もあります。あるいは、面接に落ち続けて悲

観的、絶望的になるときもあります。このような状態は、精神衛生上、決して良くありません。受かるものも受からなくなります。そんなときは1人で抱えこまず、友だちや両親に助けてもらうことを勧めます。

とくに2〜3月は春休みで授業がなく、ESの作成や面接は各自でこなしていくので、定期的に友だちと連絡を取り合って情報収集をすることも必要となってきます。この時期は<mark>情報戦</mark>でもあるのです。一緒に就職活動をする友だちのことをライバルだと考えてしまい、情報共有することに気が進まなかったり、お互いの進んだ状況を聞くのが気まずいと思ったりするかもしれません。でも、<mark>ライバル意識を持つよりも助け合うのがお互いにベストと考える方がずっと建設的</mark>です。足りないところはお互い補い合い、助け合いながら目標を達成できるようになればしめたものです。

面接の模擬練習にも、友だちを活用したいものです。たとえばFさんは友だちに面接練習をしてもらいました。その模擬面接で、友だちのEさんから「Fは真面目になろうとしすぎて印象が怖く、いつもの明るいFらしくない」と言われたそうです。長所や短所、見失っていた自分らしさを教えてもらったことで、2ヵ月後には見違えるほど成長したそうです。

また、ESや自己分析についても、できるだけ多くの人からフィードバックをもらうことが重要です。自分で作成したものを客観的に見るのは難しいですし、自分では気がつかない、分かりにくい表現やケアレスミスが見つかる場合もあります。友だちに頼る勇気、これを持ってもらいたいものです。

PART 3 ｜ 実践編

③　就職活動には運・不運は必定と知る

　３つ目の重要な点として、就職活動には運・不運の側面があるということを知っていただきます。幸か不幸か、これは厳然たる事実です。

　UNIT ２では企業側がどのように審査しているのかについて10の項目に分けて詳述しました。そのどれも重要ではあるのですが、すべての項目の総合点で合否が決定されるわけではありません。面接官には面接官特有のこだわりがあり、どれに重点を置くかの濃淡が異なるのです。

　たとえば、みなさんが獲得した「資格」を重視する人もいれば、どこで長期インターンシップを行なったかに強い興味を持つ人もいます。あるいは、自己分析がしっかりできている人を良いと感じる面接官や、一緒に働きたいという気持ちにさせる明るい性格に対して直感で決める面接官もいることでしょう。絶対的な採用ルールは存在しません（ですから企業側からすると人事には成功・失敗が不可避です）。

　頭が良いからといって内定がもらえるわけではないですし、上記の総合力が高いからといって、受けたすべての企業で内定がとれるわけではないのです。「運」、「不運」と言ってしまえばそれまでですが、この面接官との相性の問題、就職活動には常につきまとう問題です。

　ですから、過去の森川ゼミ生の中でも、学生偏差値が65くらいでも60くらいの企業に落ちてしまうことはしばしば生じてきました。その逆で、学生偏差値60くらいでも、企業偏差値65くらいの企業に内定を勝ち取ることもありました。後者はうれしいですが、前者は理不尽と感じますし、いったい企業は何を見てるんだと怒りさえ感じるときがあります。

では、この相性問題を解決するためにはどうしたら良いのでしょうか？　正確には、自分の学生偏差値未満の企業で取りこぼしをしない一方で、その逆に自分の学生偏差値より高い企業偏差値の企業に内定を勝ち取る方法はないのでしょうか？

　この問題の答えは当然、「取りこぼしは不可避である」。他方、「奇跡的に内定を勝ち取ることも可能である」になります。なにしろ面接が4回あるとして、面接官との相性が偶然に4回良かったということも不可能ではないわけですから。

　したがって、実践的な解決策としては、

- **複数の業界を見よう**
- **エントリーはなるべく多く出そう**
- **第一志望に惚れすぎない**

というアドバイスにつながっていくのですが、各々については、PART 3のRULE 31、32で詳しくお話しします。

　もう1つクリアにしておきたい点があります。それは、就職活動が運・不運というならば、「お祈りメール」が来たら「不運だった」の一言で片づけて反省しなくて良いということなのでしょうか？

　いいえ、そんなことはありません。面接官はできる限りの審査をした結果、不合格としたのです。ですから、その審査した部分（濃淡の濃の部分）で面接官の期待に十分こたえられなかったということなのです。

　面接中に、面接官からなんらかのサインが送られていたはずです。面接官がぜひ聞きたいところは、深掘りしてきたことでしょう。興味があるから「それはなぜですか？」の質問があります。このような「なぜ、なぜ」攻撃にこそ、合否のカギがあ

PART 3 ｜ 実践編　133

ったはずです。その質問にパニックを起こして、せっかくのチャンスを逃してしまったということなのかもしれません。

　ですから、**不合格になったら、必ずその原因を探って、次につなげていかなければならない**ことになります。なぜ落ちたのかははっきりとは分からないという暗中模索の中で、自分を鍛えていくところに就職活動の難しさ、理不尽さ、醍醐味、さらには極意があると言っても良いでしょう。

RULE 31

エントリーの秘訣1
まずは「志望業界」を1つ選び、複数の業界へ広げよう

　業界を決めるにあたって、まずは自分が入りたい業界について決めてみるのが良いとPART 1で申し上げました。ただし自分の入りたい業界があっても自分の学生偏差値が足らず、好きな業界に必ずしも入れるわけではないとも申し上げました。ですから、==業界は徐々に広げて考えていかなければならない==ことになります。

　また、==業界を広げることによって、思わぬ発見があり、自分が本当にしたい仕事は別の業界だったということもしばしば散見される==ところです。就職活動を始める際は、CMでよく目にする企業や、漠然としたイメージで業界や企業選びをしてしまうことがありますが、それでは自分の適性に合った企業を見逃してしまう可能性があります。自分の興味や関心がない業界であっても、企業の説明会に行くのが億劫と思っても、広範な業界や企業の説明会にできるだけ多く参加すべきで、今まで考えていなかった業界の面白みや、同じ業界であっても企業によって異なる雰囲気や特徴があることを発見できるかもしれません。

　さて、ここでは、実践編として、その業界の広げ方について伝授します。

　たとえば、ここにDさんがいて文学部の英文科に所属していたとします。Dさんは読書が趣味です。そこからイメージでき

る業種は「出版業界」になります。出版というと、講談社、小学館、集英社の3大出版社が頭に浮かびますが、そのほかにも大手としてマガジンハウス、光文社、KADOKAWAといったものから、新日本法規出版や有斐閣といった小さいながらも専門的な出版社まであります。

　そこで問わなければならないのは、出版業界で何をしたいのか？　ということです。たとえば「小説のヒットメーカーになる」ということを目的にした場合、どうなるでしょうか。そうすると「10万部売れる小説を1年に1冊つくりだす」というのが具体的な客観的目標となります。努力目標ができるということはプランを練って戦略を立てることができます。コンスタントに10万部のヒットを狙えるようになるには、企画の種となる自分の中の問題意識の幅を広げなければなりませんし、トレンドに敏感になり精通することが求められます。また著者候補と信頼関係を築き人脈を広げる等といった現実的な課題も生まれるでしょう。出版業界というのは、狭く、編集者個人が注目を集めることが多い業界ですので、1年間に1冊ヒット作品をつくれば評判になり、次のヒット作の種が集まってくるでしょうし、充実感にもつながっていくものです。

　この初期段階では、このように==理想的な就職後のイメージを確認しておくことが重要==です。学生偏差値が50であっても、企業偏差値65の出版社を含み理想を考えることは必要な手順です。==絶対に手が届かないと思う企業であっても、恐れずにどんどんチャレンジすることで思いもよらぬ結果が出ることがあります==。当たって砕けることで経験した失敗は、大きく成長できる方法でもあります。したがって、難易度が高い企業や業界にも積極的に挑んでいくことで、就職活動で得られる将来への

選択肢を増やすことができます。

ただ現実的に考えれば、学生偏差値50では、企業偏差値65の第一志望の業界に入れるという保証はありません。大学受験でいったら「E判定」が出るくらいです。ですから、出版業界の中で偏差値が低いところを見ておかなければならないのは当然で、さらには、周辺の業界も検討する必要があります。

出版業界の周辺には、テレビ、ラジオ、新聞、IT、広告といったメディア業界があるほか、本を印刷する印刷会社、書籍や原稿の誤りや不備な点をチェックする校正・校閲会社、本を消費者に売る書店といったものもあります。

あるいは「ヒットメーカーになりたい」という観点に着目すれば、電気機器メーカーでも可能なわけです。家電を担当して、冷蔵庫のヒット商品を生み出したいというふうに変えることも違った着目点となります。

就職活動を進めていくと、ESや筆記試験、面接で落ちてしまい、手持ちの企業数が減ってしまうこともあります。そのときに、多くの業界や企業を訪問していれば、新たにエントリーする業界や企業を選びやすいです。**自分の可能性を狭めないためにも、最初から業界を絞り込みすぎず、時間と労力とお金の許すかぎり、数多くの業界や企業の説明会に参加することが重要**です。「数を打てば当たる」と思って、自分の可能性を狭めずになるべく多くの選択肢を見出すべきです。

また、業界を広く見ることは、実際の面接において志望業界の志望理由に説得力が増すことをつけ加えておきます。志望理由がしっかりしていても、その一業界だけをみてその業界を志望するのと、別の関連業界を知ったうえで志望するのとでは、

後者の方が説得力を持ちます。志望以外の業界を知ることで、
逆に志望企業に本気度をアピールすることができます。

RULE 32

エントリーの秘訣2
プレエントリーは100社、エントリーは50社をめどに

　では、具体的に業界はどのくらい広げれば良いのでしょうか？

　自分の偏差値の前後の偏差値の企業をだいたい<mark>100社プレエントリーして、実際のエントリーは50社をめどにするのが適正数</mark>であると私は思います。

　おそらく50社のうち、第1次面接に呼ばれるのは20社くらいで、面接を重ねるにしたがって徐々に減っていき、最終面接までいけるのは3〜5社程度、そのうち内定を獲得できるのは、1〜2社といったところでしょうか。

　これが、一般的な就職活動の実態です。したがって、実際に企業に応募する・しないは別として、最低100社はプレエントリーしておきたいものです。

　そのうち、実際のエントリーは50社が妥当です。<mark>面接は場数を踏み、経験を積めば積むほど通過しやすくなります</mark>。実際の面接の緊張感を経験し慣れることが、自分をアピールする能力を高めるためには効果的です。スポーツでも優勝するには、練習に加えて試合慣れもしなければならないことと同じですね。

　その意味で、<mark>外資系コンサルや外資系金融の企業を受けることを勧めます</mark>。RULE 04でお話ししたとおり、外資系企業の就職活動は大学3年次の夏休み中に開始されるので、そこで場数を踏んでいると、非経団連系の面接に余裕を持って臨むこと

ができますし、非経団連系の面接を経験していれば、経団連系の面接への良い実戦経験となります。とくに外資系企業の選考には優秀な学生が多く参加しているので、ほかの受験者から面接における効果的な受け答え方や振る舞い方を直接学ぶこともできます。「ホップ・ステップ・ジャンプ」のルールを踏襲して、早めの経験、可能であれば、内定をも獲得したいものです。

　さらに、志望業界の選考は、たとえ志望度の低い会社であっても参加することを勧めます。なぜなら、業界内で求められる人材やそれに応じた質問内容が似ているからです。一度経験した質問は、その後、自分の答えた内容や言葉選びを精査することができるため、同業界のさらに志望度が高い会社の面接を受ける際に、より完成度の高い受け答えができるようになります。

第一志望の企業に惚れすぎない

　毎年のことですが、第一志望の企業に惚れてしまう学生がいます。惚れること自体は、企業側に熱意を伝えることができるので素敵なことなのですが、私としては勧められません。デメリットの方が多いからです。

　なにしろ、1つの企業に惚れてしまうと、ほかの企業を軽視するようになります。エントリーは50社をめどにと申し上げましたが、1つの企業だけに惚れるとそのほかの企業の選択がおざなりになってしまいます。ですから、理想としては「第一志望群」といったように、いくつかの企業を第一志望のグループとし、1つの企業だけに気持ちを集中しないようにすべきです。

　また、第一志望に惚れていればいるほど、その企業に落ちたときの精神的なストレスは大きくなり、その後の就職活動のや

る気を阻害してしまいます（恋愛と同じで、相手のことが好きであればあるほど、フラれたときの落ち込みは激しいものです）。ゼミ生の中には、第一志望の企業に落ちたことで、気落ちして２週間何も手につかなかったという例もありました。そのような事態は絶対に避けなければなりません。その意味でも、**１つの企業に惚れすぎてはいけない**のです。

自分が選ぶのではなく、企業に自分を選んでもらう精神で

　自分の人生について考えを尽くし、特定の企業を選ぶことができたとしても、採用を決定するのは学生の倍以上も長い時間を生きてきた人たちです。その人たちは人事課に勤務し、業界に精通したエリートです。ですから、業界にそぐわない、あるいは学生の考えの及ばない方向に才能や将来性を見出してくれることが可能なのもこの人たちということです。ですから、就職活動には自分が企業を選ぶという面もあるのですが、他方で**「企業の方から自分の適性を選んでもらう」**という側面もあります。

　換言すれば、日本企業において採用されるのは、特定の仕事ができる人間を選ぶことに加えて、特定の企業風土に合う人間かどうかも確認しているのです。

　たとえば、総合商社のたとえとしてしばしば使われるのが、川の渡り方の違いです。「目の前に川があります。その先に宝があります。どうやって渡り、宝を手に入れますか？」という質問に総合商社の違いが表われていると言います。「三菱商事の社員は橋を造って渡り、三井物産はヘリコプターで渡り、住友商事は三菱商事が造った橋を渡り、伊藤忠商事は泳いで渡る」等と言われています。このようなステレオタイプが正しい

PART 3 ｜ 実践編　　141

かどうか分かりませんが、企業風土の違いというのは確かにありそうです。

　繰り返しますが、そもそもサークルやアルバイトをしてきた程度の学生では即戦力になるのは不可能な話ですし、たった数ヵ月の自己分析や企業研究、数人の社員訪問で、実際に働いたこともない企業に自分が適しているか等分かるはずもなく、ただ一方的に見当をつけている程度に過ぎません。また、企業偏差値と学生偏差値の差異についても承知しておかなければなりません。ですから、自分から選ぶという主体的な側面は残しつつも、人生の先輩（企業の面接官）に自分に合った職業を選んでもらうという側面もあると考えるのが就職活動でもあります。
　Ｎさんの例が好例です。Ｎさんは「銀行業務はつまらない」というイメージを持っていて銀行業界に対して興味が薄かったのですが、記念受験に１つだけ受けたところ、次第に金融業に興味が湧いて、ついには内定をもらい、そのまま就職することに決めました。「人生何が起こるか分かりません」と言っていました。「食わず嫌いをせず、絶対に自分が行きそうもないと思うような業界も試しに受けてみよう」とのことです。学生の価値基準で志望業界・企業を絞るようなもったいないことはせずに、企業の人事担当者に選んでもらうつもりでガンガン受けるということが大切です。

| RULE **33** |

UNIT 4 · 書類提出
の秘訣

履歴書の秘訣 I
日本語のルールを知っておこう

　日本人の多くは日本語を書くのが下手です。小学校から高校まで、日記等ではなく日本語で文章を書くという作業をあまりしてこなかったからです。大学に入ってやっと中間テストや期末テストで文章を書きますが、日本語のルールを習ったわけではないので、ひどい文章を書く学生がいます。就職活動で、履歴書、ガクチカ、志望理由書を書く段階では、そのひどさが露見します。

　日本語には独特の書き方というものが存在します。とくに履歴書といったオフィシャルな文章には、守らなければならない規則というものがあります。

　ここでは、みなさんが最低限厳守しなければならない日本語のルールをまとめました。しっかり学んでください。

【① である調】

　すべての選考書類は「である」調で書くものです。「ですます」調で書いてあるものを散見しますが、これには違和感があり、どんなに履歴書の内容が良くてもその時点で落とされてしまうことになります。また、文末に「だ」「のだ」を使う人がいますが、一貫性が欠如しています。したがって、「だ」「のだ」も禁止です。「だ」→「である」、「だろう」→「であろう」、「〜だから」→「〜であるから」となります。

PART 3 ｜ 実践編　143

【② 字体】

履歴書をPCで作成する場合、日本語の書体は「MS明朝」や「ヒラギノ明朝」、英語の書体は「Century」や「Times New Roman」とするのが一般的です。履歴書で強調したいときに「ゴシック体」を使う学生がいますが、好ましい書き方ではありません。

【③ 英数字】

英語、数字を使用する場合に全角にするのか半角にするのかについてルールはありません。ただ、全体的なバランスを考えると、数字の場合、1桁は全角、2桁以上は半角とするのが良いでしょう。

【④ 英語】

日本語では、英語特有の「：（コロン）」、「；（セミコロン）」、「！（感嘆符）」、「""（引用符）」、「'（所有格）」といったものはありません。使わない方が良いです。英語の使用もなるべく控えるのが無難です。

【⑤ 副詞・形容詞・形容動詞】

応募書類においては、あいまいな副詞・形容詞・形容動詞は使用するべきではありません。たとえば、「完全な」、「まったく」、「かなり」、「少し」、「あまり」、「ほとんど」、「いろいろ」、「たくさん」、「とても」、「あらゆる」、「大きい」、「小さい」、「普通の」、「本当に」、「真に」は控えましょう。あなたが「少し」と書いても、あなたは理解できますが、読み手には伝わりません。またこの世に「完全」、「完璧」は存在しません。こういった語句も使用

禁止です。

【⑥ 不必要な漢字】

漢字で書くか、ひらがなで書くかの違いは、漢字だと目を止めますから、読ませどころということです。他方、ひらがなはさっと読んでほしいという意味でもあります。**動詞は漢字で書くのが原則**です。重要な名詞もぜひ漢字で書きたいところです。重要でないところはなるべくひらがなにすべきです。たとえば、「事」→「こと」、「様な」→「ような」、「為に」→「ために」、「風に」→「ふうに」、「又は」→「または」、「或いは」→「あるいは」、「大変」→「たいへん」、「全て」→「すべて」、「気を付ける」→「気をつける」といったように、ひらがなにすべき場合があります。

【⑦ 口語・俗語】

口語・俗語の使用は禁止です。たとえば、部活、やばい、きもい、バイト等々は使用できません。**部活は部活動あるいはクラブ活動、バイトはアルバイト**となります。

【⑧ 擬態語・擬声語】

擬態語、擬声語はなるべく使わないのが礼儀です。ましてや「ギリギリ」といったようにカタカナで書くのは禁止です。

【⑨ 質問文】

履歴書では「質問文」は禁止です。（例「～ではないだろうか？」）

【⑩　形容詞】

　抽象的なことがらを表現する形容（動）詞は避けるべきです。たとえば、「楽しい」、「素晴らしい」、「良い」、「悪い」、「かわいい」、「うれしい」、「悲しい」、「つらい」、「さびしい」、「美しい」、「きれい」、「素敵な」、「くだらない」、「悔しい」は使わない方が無難です。

【⑪　受動態】

　受動態を多用する学生がいますが（たとえば「驚かされた」、「気づかされた」等）、主体性がないと思われてしまう可能性がありますので、可能な限り能動態で書いた方が良いでしょう。

【⑫　こそあど言葉】

　翻訳英語で多用されている**「こそあど言葉」は極力少なくしなければなりません**。「それ」、「それら」、「その」、「あの」、「この」、「このように」は少ないほど良いです。同じように、翻訳英語である「彼」、「彼女」、「彼ら」、「彼女ら」も使わないようにしましょう。

【⑬　仰々しい語句】

　たとえば、「痛感した」、「解説を加えた」、「準備を進める」、「確信している」、「衝撃を受けた」、「愕然とした」、「感謝してもし足りない」、「過言ではない」、「言うまでもない」等は、大げさすぎて、読んでいて拒否反応がでる読み手がいます。使わない方が無難でしょう。

【⑭ ひとりよがり語句】

読み手の感情移入を排除する「ひとりよがり」の言葉は禁止です。たとえば、「もちろん」、「〜を今でも覚えている」、「ここまでひどいとは思わなかった」、「あの光景（あの時）に感動した」等。

【⑮ 比喩表現】

比喩表現も読み手に正しく伝わらないので、使用禁止です。たとえば「足を運んだ」、「耳を疑った」、「水の泡」、「図書館にこもる」、「心を入れ替える」、「胸を打たれた」、「必死」、「寄り添う」、「心が折れる」等。

以上が最低限守ってほしい日本語のルールです。一度書いた応募書類は、必ず上記のルールが守られているか自分でチェックしましょう。とりあえずこの15の項目を守れば、みなさんの応募書類は劇的に良くなるはずです。

RULE 34

履歴書の秘訣2
履歴書の重点を再度確認する

　書類選考で提出する書類は、==①履歴書、②大学時代がんばったこと（ガクチカ）、③志望理由書==が基本ですが、その中でも最も重要なのが履歴書です。

　履歴書の書き方にはコツがあります。そのコツを知っておかないと、次の選考過程である面接に進むことができません。面接に呼ばれれば、試行錯誤の末、面接の達人になっていくことができますが、書類選考で落とされると、せっかくの人生修行である就職活動で何も学ぶことができないのです。せっかくのチャンス、無駄にしたくありませんよね。

　履歴書で振り落とされないための最低限の重点事項については前述しました（RULE 20）。余白をつくらない、バカ正直に書かないといったようなことが基本中の基本でした。

　このPART 3では、もう一歩進んで、履歴書で気をつけるべき秘訣を伝授します。3点について特記します。

① **客観的なデータ、数値ベースで記載する**

　RULE 25で述べた点ですが、重要ですので繰り返します。採用担当者としては、学生の履歴書を読んで、どんな学生であるのかイメージしたいですし、ほかの候補者と比較して優劣をつけたいものです。そのために==なるべく客観的なデータで記載する==方がイメージしやすく、あなたのアピールポイントが伝わ

ります。

　ですから、日本語のルール（RULE 33）でもあいまいな形容詞・副詞は避けるべきとしました。たとえば、「少し」「たくさん」「かなり」「いろいろ」は言語道断です。「夏休みを利用していろいろな国を訪問した」では伝わりません。「夏休みを利用して、欧州連合に属している10ヵ国を訪問した」とすべきです。

　このように、履歴書は、いかに客観的なデータ、数値ベースで記載できるかが勝負の分かれ目でもあるので、その意味で「資格」を取得することが不可欠です（RULE 25）。「簿記2級」、「日経TEST」、「ITパスポート」等はビジネススキルとして有効ですし、英語力では**TOEIC®やTOEFL®を受検して語学力をアピールしたいものです**。なお、TOEFL®は大学や大学院のようなアカデミックな環境での英語力を測ることを目的としたもので、TOEIC®はビジネスシーンでの英語力を測ることを目的としたものです。就職活動においては、TOEFL®よりも、知名度が高く、ビジネスが題材となっているTOEIC®の方がお勧めです。「特技なし」「資格なし」はぜひ避けてください。

② 上手な盛り方

　上手な盛り方については、RULE 01、20、22で基本を申し上げました。履歴書にウソを書くことはできません。それは反則です。しかし、**多少の「盛り」は許されるものです**。恋愛にたとえてみれば、多少盛って（素敵な衣服で着飾ったり化粧をしたりして）、相手を魅了するのは、許される範囲内です。それと同じ。多少の化粧は必要です。いかにウソにならずに盛るかがテクニックになるのです。

　たとえば、202X年2月25日〜3月4日の間、約1週間のイ

PART 3 ｜ 実践編　　149

ンターンシップをしたとします。ここで「202X年2月25日〜3月4日（1週間）」と書くのは普通の履歴書です。しかし「202X年2月〜3月」と書くとどうでしょうか。そうすれば、面接官は1ヵ月のインターンシップと勘違いしてくれる可能性があります。ウソを書いているわけではありません。多少の省略によって、面接官に幻想を与えているだけです。面接に呼ばれて詳しく聞かれたら、そのときに1週間と言えば良いのです。このように、厳密に言えば10ヵ月の留学であっても「1年の留学」と言うことができますし、下手な料理でも、履歴書の特技の欄に「料理」と書いて問題ありません（上手か下手かは主観ですので、あなたが上手と書けば上手なのです。試しようがありません）。

　ただし、**「盛る」を勘違いして、文字で誇張表現を用いてしまう学生を散見します**。たとえば、「死に物狂いで働く」、「必死で勉強」「〜こそ〜である」とか、日本語の表現として誇張した表現を用いるのは間違っています。「死に物狂い」は比喩表現で明らかに不適切ですし、「必死」というのも不吉な言葉ですので、使用しないようにしたいものです。

③　自分に不利になることは書かない・言わない

　自分に不利になることを書くことは禁止です。**わざわざネガティブなことを書くのは試合放棄をしているのと同じ**です。ハードルを下げて許してもらおうとする姑息な書き方・言い方は止めましょう。履歴書では、「フットサルは初心者であるが、週2回行なっている」とか、「営業の経験はないが一所懸命勉強する」といったように、いらない謙遜を書いてしまっている例を散見します。

面接でも同じです。面接でわざわざ自分に不利になることを言う人がいます。「それほど大した経験ではありませんが」と前置きしたり、難しい質問に対して答えに詰まって「よく知りませんが」とか「緊張してうまく答えられませんが」とハードルを低くしたりします。こういう表現は禁句です。

RULE 35

履歴書の秘訣3
自分の長所・短所を上手に表現する

「あなたの長所と短所はなんですか？ できる限り挙げてください」と言われたら、各々3つくらいは言えるでしょうか？ なお、履歴書の長所・短所を書く欄には、その中で最良のもの、最悪なものを書いてくださいというわけではありません。履歴書を提出する目的は内定を勝ち取るためなのですから、当然、**内定の獲得を最大化できる長所と短所を書くこと**が正解となります。この点をまず明確にしておきます。

では、数ある長所と短所の中でどれをピックアップすべきなのか？ どの長所・短所が内定に直結するのか？ ということですが、次ページの図表4－1をご覧ください。ここに挙げたものはほんの一例ですが、履歴書に書いて良いものと、履歴書には書くべきでないものが混在しています。みなさんは、この中から正解を選ばなければなりません。

長所	短所
・温厚 ・向上心がある ・我慢強い（粘り強い） ・冷静 ・情熱がある ・真面目 ・努力家 ・主体性がある ・協調性がある ・行動力がある ・責任感（使命感）が強い ・好奇心が旺盛 ・探求心がある ・継続力がある ・臨機応変に適切に対応できる 　（柔軟性がある） ・誠実 ・几帳面 ・気配りができる ・面倒見が良い ・手先が器用 ・くよくよしない ・ムードメーカー ・設定した目的は必ず実行できる ・新しい環境にすぐに適応できる 　（環境適応力がある） ・チャレンジ精神がある ・人見知りしない ・どんな仕事でも面白みを見つけ 　ることができる ・約束は必ず守る ・全体を俯瞰できる ・一歩目が早い ・集中力がある ・ポジティブ思考	・心配性 ・おせっかい ・時間にルーズ ・仕事をかかえすぎてしまう 　（予定を詰め込みすぎる） ・自分でやらないと気が済まない ・短気 ・飽きっぽい ・しばしば遅刻する ・約束を守れない ・周囲の目を気にしすぎる ・他人から影響を受けすぎる ・楽観的すぎる ・融通がきかない（頑固、強情、 　他人の意見を聞かない） ・同時に複数のことをできない ・1つのことに時間をかけすぎる ・人の頼みを断れない ・納得しないと行動できない ・考えるより先に行動してしまう ・まったくこだわりがない ・細部にこだわりすぎるあまりス 　ピード感がない ・おっちょこちょい（お調子者） ・まったく自己主張をしない ・計画性に乏しい ・めんどくさがり ・ノーと言えない ・神経質 ・仕事が遅い ・仕事ががさつ ・部屋が汚い ・慎重すぎる ・優柔不断 ・ネガティブ思考

▲ 図表 4-1 長所と短所の例

PART 3 ｜ 実践編　153

まず、**長所を選ぶ基準はその長所にまつわるエピソードを2つ以上言えるかどうか**です。どんな長所でも抽象的な語句でしょうから（たとえば、「行動力がある」、「臨機応変に対応できる」「新しい環境にすぐに適応できる」といったように）、面接ではそれを具体的に表わすエピソードが必ず聞かれます。聞かれたときに、面接官を魅了するエピソードがある長所を書くべきです。そのエピソードがあなたのアピールポイントになるので、しっかり選びたいところです。

たとえば、小学校、中学校で転校を5回以上繰り返していれば、「新しい環境への適応能力が高い」があなたの長所になりますし、ビールが好きで夏休みに都道府県20ヵ所に旅行してクラフトビールの飲み比べをした経験があるなら「行動力がある」になります。自分の過去の経験に照らして面白そうなエピソードを見つけることが肝要です。

なお、自分の方から「洞察力がある」、「論理的思考力がある」、「コミュニケーション能力がある」、「理解力がある」、「説明力（分かりやすく説明する力）がある」、「性格が良い」、「礼儀正しい」、「親しみやすい」とは言えません。面接すれば、そのようなことは分かってしまいますので、長所であっても履歴書では避けるべきものです。

短所を選ぶ基準は、①不合格に直結する短所は避ける、②短所に見えながら別の視点から考えると長所にも見えるものを書く、の2つです。

たとえば、「遅刻が多い」、「怒りっぽい」「仕事ががさつ」といった短所は書いてはいけません。たとえそうであったとしても。そんな人とは一緒に仕事をしたくないからです。致命的な

短所と言えます。

　また、短所を選ぶときは、短所に見えないものを選びたいものです。たとえば「心配性」というのは慎重ということでしょうから金融向きの短所と言えます。「納得しないと行動できない」は、裏を返せば納得した後には行動力があるということになります。

　短所を書いた後は、必ず「〜を克服するように努力している」と追加することが不可欠です。「仕事をかかえすぎてしまう」が短所ならば、「短所を克服するために、やるべきことに優先順位をつけるようにしている」とか「長期的なゴールから逆算して、計画的に進めるように意識している」と書いておくことが必要です。

　なお、長所を聞く質問は１つを挙げるのが通常ですが、面接では複数の長所を問う質問もあります。典型的なのは、

※　弊社があなたを雇うべき理由を３つ挙げてください

というものです。この質問は、性格的長所を含めて特長を３つ挙げてくれという質問です。各々１つで良いので、エピソードを添えて答えられるようにしておいてください。

PART 3 ｜ 実践編　155

RULE 36

ガクチカの秘訣1
ガクチカの「コンセプト」を
しっかり決めよう

　さて、**最も重要な「ガクチカ」**です。4項目に分けて解説しますので、しっかり学んでください。なにしろ、アルバイトとサークルしか経験したことがない多くの大学生にとっては最大の問題点ですので、ここでしっかり習得する必要があります。

　実践的にどのようにガクチカを作成したら良いか、Jさんの例で説明します。Jさんは大学3年生で、就職活動を始めるにはやや遅くなってしまいました。Jさんはごく普通の大学に在籍するごく普通の学生で、特徴がありません。学生偏差値は40くらいです。

　そのJさんは、企業偏差値55の大手電機メーカーに勤めたいと願っています。仕事の内容としては、営業に興味があります。電機メーカーの営業職が第一志望ということです。

　目下(もっか)のガクチカの骨子は次のようになっています。

> 大学時代に最も力を入れたことはアルバイトを通じた接客業である。大学1年のときにスターバックス、大学2年からはタリーズでアルバイトを行なっており、このアルバイトを通じて、2つの重要性を学んだ。第1に、自分で働いてお金を稼ぐことで、お金の持つ意味、金銭感覚が身についた。第2に、接客業の重要性を学んだ。どのような笑顔を見せるのか、どのくらい大きな声を出せ

ば良いのかは実践的に接客をしてみて初めて分かるもので、嫌な客にも笑顔で接客する対応力を学んだ。貴社において営業を担当することで、今後も、お客様の笑顔がみたい。

　さて、Jさんは無事、内定を獲得することができるでしょうか？
　結論から言えば、ひどいガクチカであり、これでは受かるわけがありません。アルバイトをガクチカにすること自体が失敗で、そのアルバイトから得られたものが、金銭感覚と接客ではひどすぎます。こんなガクチカでは、どう転んでも企業偏差値55の企業への内定は不可能です。

　では、どのようにしたら良いでしょうか？
　<mark>何度も強調しているように、アルバイトやサークルは、ガクチカには使わない方が無難</mark>です。でも、Jさんにはコーヒーチェーン店でのアルバイトしかありません。なんとか、ここから積み上げて偏差値を55まで引き上げることはできるものなのでしょうか？
　解決策は2つあります。1つは、<mark>なんとか過去にさかのぼり、大手電機メーカーにつながるものは何かを探す</mark>こと、もう1つは、<mark>これから短期間でも良いので新しく使えるものを追加して、一貫したコンセプトをつくりだす</mark>ことです。
　Jさんの場合は、過去にさかのぼっても何も出てこなかったので、後者の新しくインターンシップなりアルバイトを追加して新しいコンセプトをつくりだしていくしかありません。
　解決方法としては、ガクチカにどのようなことを書けば、電

PART 3 ｜ 実践編　　157

機メーカーの営業職から内定がもらえるのかを考えるわけです。そのために、Jさんには、どんなに小さい会社でも結構ですので、「コーヒー豆の輸入を扱う会社」でアルバイトするように提案します。場合によっては、無給のインターンシップでも良いです。直談判してコーヒーの勉強がしたいと言えば、やらせてくれるものです。

　そうすると、スターバックス、タリーズ、コーヒーの輸入業者という3つの経験になるわけで、「コーヒー」というコンセプトに集約できるようになります。そこから、もうひとひねりして、ビジネスというキーワードを足すと、ガクチカのコンセプトは、

※　**「コーヒービジネスの研究」**

にすることが可能です。

　ガクチカに脚色は不可欠ですので、少しばかり検索してコーヒーの歴史や商流について調べれば、一貫した「売り」をつくることができます。この「売り」をつくっていくことを「**コンセプトづくり**」と呼んでいることはRULE 16で述べましたが、このコンセプトづくりこそ、ガクチカの基本です。

　すると、Jさんの新しいガクチカは次のようになります。

大学時代はコーヒービジネスに関して一貫して研究してきた。母が看護士で、コーヒーにがんや生活習慣病のリスクを下げる効果があると聞かされたことから興味を持つようになった。大学1年次にはスターバックス、2年次ではタリーズでコーヒーチェーン店による小売り業務に携わった。大学3年次では、コーヒー豆の輸入を専門に行なうB社でインターンシップを行ない、ブラジルか

らのコーヒー豆の輸入業務を担当している。川上から川下までのコーヒーの商流を学ぶことで、世界で19兆円産業と言われるコーヒーという商品の可能性を知ることができた。

　どうでしょうか。見違えるほど良くなりました。ここまでくれば、ガクチカに関する限り偏差値が55くらいに上昇したと実感できるでしょう。

　このガクチカでは、母親の職業を上手に使い、それをきっかけとして小遣い稼ぎだったコーヒーチェーン店での仕事を正当化し、さらにはB社でのコーヒー豆の輸入業務を経験したことでビジネスの幅が広がりました。あとはぜんぶネット情報、彩を添えただけでここまできれいになります。

　ただ、私としては、もう一歩、突き抜けたガクチカにしたいものです。まだパッチワークの感が否めない。B社でのインターンシップにはチャレンジ精神を感じますが、突き抜けていません。そこで、大学3年次の夏休みには、コーヒーを生産する発展途上国を訪問して、その実態を見学したいものです。そこまでやれば突き抜けた感が醸成され、ガクチカの偏差値も58を超えるものとなります。

　最終的なガクチカは次のようになります。

　大学時代はコーヒービジネスに関して一貫して研究してきた。母が看護士で、コーヒーにがんや生活習慣病のリスクを下げる効果があると聞かされたことから興味を持つようになった。大学1年次にはスターバックスで、2年次ではタリーズでコーヒーチェーン店による小売り業

務に携わった。大学3年次では、コーヒー豆の輸入を専門に行なうB社のインターンシップを行ない、ブラジルからのコーヒー豆の輸入業務を担当している。

また、夏休みには、世界第4位のコーヒー生産国であるインドネシアを訪問して、直談判で工場を見せてもらい、マンデリンがどのように生産され流通されていくのかを見学し見聞を深めた。川上から川下までのコーヒーの商流を学ぶことで、世界で19兆円産業と言われるコーヒーという商品の可能性を知った。

　ここまでくれば、ガクチカとしては、申し分ないものとなります。ガクチカを深掘りされたときの話題にも事欠きません。偏差値55のメーカーの内定が見えてきますね。

| RULE **37** | UNIT 4 書類提出の秘訣

ガクチカの秘訣2
鉄板ネタ1つで、差別化を図る

　前項では、アルバイトを中心にしたコンセプトづくりでしたが、本来ならば、長期インターンシップを中心にコンセプトを構築したいものです。現代の就職活動の中心になるのは、この**長期インターンシップ**であるという点をRULE 26で学びましたが、ここでも再度強調しておきます。

　ガクチカのコンセプトの中心になるのは、勉学でなければなりません。なにしろ、**学生の本分は勉強**ですので[10]。経済学部ならば経済関係、商学部ならばビジネス、文学部ならば文学関係がコンセプトになるものですが、志望する業界を見据えたコンセプトでなければなりませんので一概には言えません。

　また、たとえば「ジャーナリズム」をコンセプトにするなら、メーカーや総合商社というわけにはいきませんので、志望業界とコンセプトは密接に結びついていなくてはなりません。「ジャーナリズム」がコンセプトなら、志望する業界は、新聞、テレビ局、出版社、広告といったものになります。

　何度も申し上げているように、**学生偏差値を上げるには、ありきたりの長期インターンシップではなく、差別化を図るものでなくてはなりません**。どの企業においても同じ属性（大学、学部、ゼミ等）から採用する人数には制限があります。何十人

PART 3 ｜ 実践編　　161

もの同じ大学の学生や学部生が1つの企業にいっせいに受ける となると、誰がどのように違うのかを見分け、どの学生を選ぶ のかには面接官も苦戦するようです。**自分と同じ属性を持つ他 学生との差別化ができなければ、個人としての自分の特徴は面 接官に伝わりません**。自分と似たような背景、所属、能力を持 つ学生の中における自分の長所や強みを考え、コンセプトづく りをしてほしいものです。そこから導き出された特長が、自分 独自の強みにもなります。

　インターンシップなり経験が1つしかないような場合でも 「売り」をつくることが可能ですが、その場合では突き抜けた コンセプトでなければなりません。

　それでは、どのようなインターンシップが差別化につながる のでしょうか?

　たとえば、元ゼミ生で、予備自衛官として自衛隊に入隊した 学生のT君がいました。自衛隊はいかがでしょうか? 短期間 でできますしインパクトが大きいので、それ自体で1つの経験 となります。T君のESは次のようになりました。

　大学時代がんばったことは、陸上自衛隊に予備自衛官と して入隊したことである。大学の授業で安全保障論をき っかけに、わが国の安全がいかにして維持されているの かに興味を持ち、実際に体験してみようと考えた。
　予備自衛官になるには駐屯地で10週間の訓練が必要であ るが、入隊4週目、20キロの装備品を持った状態での10 キロ行進が行われた。訓練から脱落しそうになる同期が いたが、声を出して励ましたり、荷物を代わりに持った りすることで全員帰還した。5週目に取締役に任命され、

同期60人を統率する立場になったが、連絡不備が生じ部隊全体が遅刻したことがあった。再発防止のため、以後は各班居室に行き、直接班長に集合時間や必要な装備品を伝えた。結果、遅刻や忘れ物がなくなり部隊の結束力がより強固なものとなった。

自衛隊での訓練を通じて、目的達成に向けた忍耐力を培うとともに、組織における指揮系統の重要性を確認した。一隊員であった時は上官に命令されるまでは何もしなくて良いと思い込んでいたが、取締役を務めてからは自ら考え、行動することの大切さも学んだ。

==体力・健康、リーダーシップ経験、上意下達の重要性、礼儀正しさ==を暗示していることがアピールポイントです。

また、「○○で優勝」というものを鉄板ネタに使う場合もあります。Ｗさんの場合はチームでコンテストに参加して優勝したことをガクチカに使っています。

株式会社○○でのインターンシップで医師への営業を行ない、ベストチーム賞を獲得した。自社のウェブサイトへの参画承諾を得ることが目的であるが、初めはチーム5人が各自の目標件数を追っていて成果に差があった。目標を達成するには協力と信頼が必要と感じ、2ヵ月目から毎週15分間の会議を主催し、相互フィードバックの時間を設けたところ、営業方法のコツを知ったり、新人の視点で資料の改善を提案したりして、結果的にメンバー全員が個人目標件数を達成でき、社内で月のベストチ

ーム賞を獲得することができた。

以降、上司が私に意見を求めてきたり、1人で往訪したりするようになった。信頼と責任から獲得件数を増やしたいと思うようになり、フェイスブック経由で医師にアプローチしたり、ネット広告を出しているクリニックを当たったりする等、より効率的に多くの件数を獲得できる戦略を考えるようになった。

どうでしょうか？　差別化、チームワーク、行動力といった点が暗示されています。

しかしながら、鉄板ネタ1つで勝負するのには、リスクが伴うことを知らなければなりません。とくに問題なのは、大学時代に「一貫して」行なったことではないこと。1つのできごとを切り取っただけなので、大学4年間の継続性に欠けるという面があります。できれば、あと1つか2つの経験と組み合わせてコンセプトをつくりたいものです。

また、面接では必ずガクチカを深堀りされますから、1つの経験だけだと、その深堀りが非常に長くなり、相当の準備をしておかないと面接官の質問量に圧倒されてしまいます。とくに「なぜ、なぜ」と繰り返し聞かれる場合には、1つのコンセプトでは危険です。

RULE 38

ガクチカの秘訣3
鉄板ネタ2つ以上で、差別化を図るのが理想

　前項では1つのコンセプトでガクチカにするにはリスクが伴うという点を述べました。ということは、<mark>1つよりも複数のインターンシップを組み合わせてガクチカを作成する方が理想</mark>ではあります。2つか3つがほど良い数です。
　たとえば、Gさんのガクチカを例にとってみましょう。

> EU研究を一貫して行なっている。大学に入学してフランス語とイタリア語の授業をとったことがきっかけで、EU圏に興味を持つようになった。
> 大学1年次の春休みに行なった在日フランス商工会議所でのインターンシップでは、フランス製品の日本企業へのプロモーションを通じて、調味料やペット用品をはじめとする消費財が日本市場で注目されていることを知った。大学2年の夏休みからは、日本とEUの政策面での連携を学ぶべく、日欧産業協力センターで日欧の経済連携協定が双方に与える利益について調査するインターンシップを行なっている。
> これらの経験を通じて、わが国の政治経済社会はEUと密接に結びついていること、またEU圏の市場が拡大している事実からすると、わが国の企業のビジネスチャンスも大きいものがある点を再確認した。

このようなガクチカは評価が高い方です（偏差値でいうと55でしょうか）が、できれば、==履歴書の客観的なデータとして、英語力はもちろんのこと、フランス語あるいはイタリア語の語学検定に合格しているとベター==です。配属される部署は海外事業部になるでしょうから、世界的にみて、イタリア語圏の人口は6千万人程度、他方フランス語圏には4億人以上の話者がいますので、会社としてはフランス語の方が使い勝手が良いです（フランス語検定準1級以上が加わると、偏差値も60程度になります）。

Gさんのガクチカをさらに深化させたものは、帰国生Hさんのガクチカです。

> 大学時代は一貫して日中関係について学んできた。4歳からの12年間、中国の天津、北京、上海に滞在したことがきっかけで日中関係に興味を持ち、中国の復旦大学に入学して1年間ジャーナリズムを通して中国から見た世界情勢を学んだ。
> その後、日本における中国の役割および日本の文化に関して日本で直接学びたいと考え、早稲田大学へ再入学し、主に国際ビジネス、とくに日中ビジネスを学んでいる。入学後の大学2年次には6ヵ月間にわたる中国工商銀行東京支店でのインターンシップを通して、中国系企業が日本市場で成功するための経営戦略を学んだ。
> 日中の良好な関係性が両国の経済発展に必要不可欠であると実感し、政治や経済、文化を含む視野を持って両国の関係を深めることの重要性を学んだ。

Hさんは日本人ですが、父親が中国で会社を立ち上げた関係で、中国の大都市に12年間滞在しました。その間、インターナショナルスクールに通っていましたので、日本語、中国語（HSK 6級）、英語（TOEIC®990点）のトリリンガルです。

　世界がグローバル化している現状を踏まえると、両親の都合とはいえ、幼少期に海外に居住した経験は企業にとっては貴重で、就職活動では大きな武器になってくれること間違いなしです。結局、Hさんは、日本語がそれほど上手ではなかったこともあり（SPIの試験が苦手だったこともあり）、日系企業は選ばず外資系コンサルに就職しました。

RULE 39

ガクチカの秘訣4

「留学」や「体育会」だけのアピールでは、鉄板ネタにならない時代

　ひと昔前（平成前半）の就職活動でしたら、「留学」という1つの経験だけでアピールしても偏差値が60くらいになり、それなりの大企業に内定をもらうことが可能でした。留学では常に苦労話がつきものですから、チャレンジ精神があり、問題解決能力に優れ、グローバル人材であることを上手にアピールすることが可能だったのです。一例を挙げると、S君（総合商社勤務）のガクチカは以下になります。

> 国際社会で通用する人材になるためのスペイン語の習得と、異文化を体感し自己の価値観を広げるために、スペインのサマランカ大学へ1年間留学した。現地の人と日常を共にしようと留学中はルームシェア、学業以外では毎日ラジオを聞き、新聞を読み、スペイン語検定（DELE）中級を取得した。
> 他方、日常的に街中で中国人と揶揄され蔑視される等、アジア人に対する差別に直面した。少しでもスペイン人の意識を変えようと思い、蔑視の原因であるアジアへの理解不足解消のために活動した。子どもから大人まで、折り紙、書道、日本語教育、文化紹介の講義まで、考えつくアイディアを実行した。現地の語学学校のページ作成や翻訳も担当し、大学では日本食パーティを開催、EU

経済の授業では百人以上の学生相手に日本経済の現状について志願してプレゼンをした。
この経験を通じ、ゼロからのチャレンジでも、強い信念を貫き自分から働きかけることで変化を起こせることを学んだ。

　このガクチカはいまから10年以上も前のもので、当時はこれでも良かったのかもしれません。しかし、**令和の時代では、留学だけのアピールでは目新しさがありません**。留学する大学生が増加していること、帰国生も総合型選抜（旧AO入試）で偏差値の高い大学に入ってきていること、企業としても社内留学制度を充実させてきていること等に鑑み、留学1点のガクチカから、**留学と勉学を上手に組み合わせて書いたガクチカの方が、アピール度が高い**時代になりました。
　たとえば、Y君（こちらも総合商社勤務）のガクチカは、秀逸なものと言えるかもしれません。

地球環境問題について一貫して学んでいる。高校2年生のときに、地元の仙台市で開催された環境保全会議にボランティアとして1ヵ月参加したことがきっかけで地球環境問題に興味を持ち始めた。
大学入学後、学生環境NPO団体「〇〇」に参加し、大学サークルが配布する紙媒体の広告を前年比20%削減した。
2年次には英国ロンドン大学へ留学し、同問題解決の難しさを経済学と国際関係論の観点から学んだ。国家が企業の利益追求を優先するがゆえに、実効性ある環境保全の国家間合意形成には困難が伴うことを知った。

> 帰国後、日本政府の環境問題解決への取り組みを知りたいと思い、現在、元環境大臣の〇〇衆議院議員のもとでインターンシップを行なっている。委員会や部会に随行して、どのように環境政策が実施されていくのかを学んでいるが、これらの経験を通じて、持続可能な発展には、行政府、民間企業、草の根活動の協力関係を構築することが不可欠であると認識した。

　Y君の場合は、学生団体での活動から徐々にスケールが大きくなっているのが特徴です。次に英国大学への留学、さらには国会議員のインターンシップとなっており、草の根の活動や、国際性をアピールし、さらには国の政策としての地球環境問題へと発展させていますので、豊かな将来性を感じることができます。

体育会系の学生へのアドバイス

　これとまったく同じことが「体育会系」のスポーツ部に所属している学生にも言えます。体育会系1つでアピールする時代は終わりました。これからの時代は、勉学と組み合わせてガクチカを書く時代になったのです。

　典型的なのは、スポーツと1つの学問分野を組み合わせた「文武両道」をコンセプトにする方法です。たとえば、出だしは

※　大学では、体育会系馬術部と建築学の勉強の両立に励んでいる

となります。

「馬術部」の部分は、ラクロス部でも、ヨット部でも、アイス

ホッケー部でもなんでも良いですし、「建築学」の部分もマーケティングでも、文学でもなんでも良いです。重要なのは、学生の本分である「勉強」と「スポーツ」の両立です。

体育会系のスポーツ部はメディアからも頻繁に取り上げられているので、どのくらいたいへんなのかも知られています。しかし、そんな忙しい中でも、勉強をしっかりやったとなれば、それがほかの体育会系の学生よりも数段上のガクチカになります。「大学で体育会系のスポーツやっていれば、勉強を疎かにしていても内定がもらえる」、こういう時代は終焉しました。

RULE 40

志望理由書の秘訣
OB・OGに志望理由書を添削してもらおう

　もう1つ重要なのは「<mark>志望理由書</mark>」です。どの企業に応募するにしてもこの「志望理由」だけは必ず書かなければなりません。「なぜ応募したのですか？」は基本的な問いですよね。面接官としても、どうして応募に至ったのかたいへん気になるところです。

　ここまでみなさんには業界研究、企業研究をすべきであると言ってきたわけですから、この点については比較的問題ないかと思います。ただ、志望理由書にはそれなりの書き方というものがありますので、その基本は学んでもらいたいものです。

　まず、「してはいけないこと」から。<mark>絶対にしてはいけないことは、志望理由をその企業のホームページにあるキャッチコピーを引用して、それに「共感したから」応募するというもの</mark>です。あまりに安易です。

　そもそも<mark>企業のホームページには美辞麗句しか書いていません</mark>。総合商社では「人は最大の財産」とか（あたりまえです、商社の資産は人のようなものですから）、メーカーでは「世界を変える」とか「夢を実現する」のような抽象的できれいなキャッチコピーが並びますが、それは企業イメージを上げるためのもので、実際に働く動機としては面接官としても苦笑してしまうたぐいのものです。

　そういうものではなくて、なぜその業界なのか、なぜその企

172

業なのかについて与えられたスペースでしっかり書く必要があります。

　自分の過去の経験から志望動機を結びつけるのが、1つの方法です。ガクチカと上手に結びつければ、動機づけはクリアできるはずです。たとえば、大手日用品メーカーを志望したLさんが書いた志望動機は以下のとおりです。

> マーケティング部門でインド人の需要に合う製品開発を行ない、貴社製品をインドで広めたい。
> 大学時代は貧困問題を学び大学3年次にはインドで2ヵ月生活した。その際に、手での食事や交通渋滞等インドの慣習を楽しみながら現地の視点で生活したところ、経済は発展しているにもかかわらず、日用品のニーズがまだ満たされていないことに気がついた。
> たとえば、インド人女性は装飾がついた繊細な服を日常的に着ているにもかかわらず、洗剤は1種類しかなく、日本にあるようなおしゃれ着用の洗剤は販売されていなかった。14億人いるインドの人々の生活に、便利さと商品を選ぶ楽しさを提供したい。
> インドの慣習を把握して、日本を代表する貴社ブランドの価値を高めることによって、日本という国のイメージアップにもつなげたい。

　ご覧のとおり、Lさんのガクチカのコンセプトは「貧困問題」ですが、その一環としてインドに2ヵ月滞在しました。インドでの経験をもとに、発展途上国における日用品を輸出できる可能性に言及しています。完璧な志望動機というわけではあ

りませんが、まずまずでしょう。マーケティング部門に興味があると書いてありますが、企業側としては英語力が伴えば、海外事業部に配属したい人材と思うに違いありません。「とりあえず面接に呼んでみるか」という流れになりそうです。

OB・OGに添削してもらおう

　志望理由書は、実際にその企業で働いていないと上手に書けないものです。しかし、逆に言えば、企業に勤務している人には、これほど簡単なものはありません。ですから、私からのアドバイスとしては、**OB・OG訪問をした際に、必ず志望理由書の添削をしてもらおう**ということになります。

　RULE 29で述べたとおり、OB・OG訪問には4つのメリットがあり、それらは、①会社の実情を知ることができる、②面接のときに志望動機や熱意を伝えやすい、③OB・OGから直接アドバイスを受けられる、④社員が就職活動生に評価をつけ人事に報告するしくみがある、ということでした。まさしく、3点目の直接アドバイスを受ける一環として、志望理由書も見てもらおうということです。

　では、添削してもらうには、どんなOB・OGが最適なのかという話になります。

　よく言われるのは「大学4年生の内定者が良い」という意見です。内定を獲得したばかりである、内定をもらったくらいだからその秘訣を知っている、学生同士だから心置きなく話すことができるというのが理由らしいです。しかし、私はこれには賛成しません。なぜなら、まだ勤務していないので、志望理由書の書き方という点で必ずしも正解をくれるとは考えられないからです。内定を獲得したのは、必ずしも志望理由書が良かっ

たからとは限りませんし、社内にいる人が知っている実情についても無知なので、実際に勤務して内情を知っている人の方が志望理由書を添削してもらうという観点からは好ましいです。ただし、課長や部長のような役職者では、ESの添削など面倒くさがってしまうので、お願いしづらいようです。

　したがって、**添削を依頼するのでしたら、入社3～8年くらいのバリバリ仕事をしている平社員が良い**ということになります。ぜひ、このようなOB・OGを訪問してお願いしてみてください。親身になってくれる人ならば、劇的にすばらしい志望理由書にしてくれることでしょう。

RULE 41

面接合格の最大の秘訣は「(根拠のない)自信」を持つこと

　さて、書類選考に合格すると、次は最後の関門である面接です。面接に呼ばれたということは、書類上に書かれているみなさんに興味を持った、あとは実際に会って、どんな人物であるか確かめてみたいということです。

　面接は通常は3〜4回程度です(金融系企業の中には10回以上の場合もあります)。1次面接は人事課社員〜人事課長、2次面接は課長〜部長、最終面接は企業の幹部＋人事部長といった感じになります。

　面接時間は30〜60分程度ですが、面接時間はあらかじめ決められています。次に面接する学生が控えていますので、時間がオーバーすることはありません。

　この短時間で、まずあなたがアピールしなければならないのは、「==自信に満ちた人物である==」ということです。これ以上、重要なことはありません。ですから、==内定がほしかったら自信を持ちなさい==、となります。

　自信とは自分の価値・能力を信じることです。当然、自分の価値や能力に疑念が生じるような事態になれば、自信を失うのは当然だし、それを目の当たりにしている面接官はなおさら「採用するのは止めておこう」となります。逆に言えば、==堂々として自信ありげに話されるとあなたが話す内容に説得力が増します==。

面接とは、自分という商品を企業に売る作業ですので、おどおどした店員に商品を売られても買う気が起きないのと同じです。自信を持つことで、振る舞いや目にも輝きが生まれ、一層存在感を増すことができることでしょう。

　では、どうやったら「自信」を持つことができるかです。一般的な原則でいうと、「成功」を経験すると自信が生まれます。1回でも、100メートルを12秒で走ることができれば、次回に100メートルを走るときには同じ時間で走れるという自信があるでしょう。自分が達成したものについては自信を持つことができるものなのです。

　就職活動でも、自信があれば内定がもらえます。ところが、まだ内定はもらっていません。したがって自信を持つことができません。成功がなくては自信が持てないのでは、永遠に内定はもらえないということになってしまいます。卵が先かニワトリが先かのジレンマです。

　では、内定を獲得するにはどうしたら良いのでしょうか？

　結論としては、**先に根拠のない自信を持とう**となります。自信が内定に不可欠である以上、自信を持たなければならない事実からすると、最初に来るのは「根拠のない自信」となるのです。根拠がある自信ではなく、成功なき自信が必要なのです。根拠がない自信を持つには思い込みが必要ということです。「**自分はすごい」と思い込んでしまうことが第一歩**です。ですから、極端な話、根拠のない自信は1秒で達成可能です。

　成功に基づく自信には時間がかかりますので、根拠のない自信を持つ方がずっと効率的です。そもそも自信とは「信じること」です。あなたの価値・能力を他人が決めるのではありません。

PART 3 ｜ 実践編　　177

自分が決めるのです。ですから、自分で、自分には価値・能力があると信じていれば、自信につながります。

　就職活動では自信をくじくできごとがたくさん生じます。提出したESの中に、後に誤字脱字を発見した、面接で予期していなかった質問をされた（たとえば「あなたを動物にたとえると何になりますか？」）、圧迫面接にタジタジになった、面接がうまくいったと思ったのに不合格にされた、5社連続で面接に落ちた、ゼミ生全員が内定をもらっているのに自分だけない等、当初自信があったとしても、その自信が次第に消えてなくなってしまうときがあります。自信喪失→不安→声が出ない・声が震える→面接官に響かない→不合格→自信喪失といった負の連鎖に陥ってしまうことがあります。

　それでも自信を失わないことが必要です。就職活動を続ける限り、決して失ってはいけないのはこの自信です。

自信を持つにはどうしたら良いのか？

　それでも自信を持てない人がいるのが現実です。では、そういう人へのアドバイスもしておきましょう。

　面接全体に不安があって自信が持てないかもしれませんが、**部分的には自信が持てるものをつくっておけば、その部分においては自信を持って話すことができるはず**ですが、いかがでしょうか。30分の面接のうち、10分は自信を持って話すことができるというふうにして、その自信がある部分を10分から15分、そして20分へと拡大していけば、面接はクリアできることになりますよね。

　そのための手段としては、**鉄板ネタ**があります。自分だけが知っていて、ほかの学生への差別化ができている話題だったら、

自信を持って話すことができるはずです。鉄板ネタは、ガクチカの中のインターンシップでも良いし、スポーツで優勝したというものでも、なんでも良いです。自分が自然のままでいられる鉄板ネタを1つか2つ持っておくと便利です。

もう1つは、面接の最初に行なわれる**自己紹介**です。どの企業の面接でも必ず自己紹介から始まります。**30秒バージョン、60秒バージョンの2つを準備しておけば、まず間違いなく面接の最初だけは自信を持つことができます**。自己紹介には特別なコツが必要ですので、詳しくはRULE 43で具体的にお話しします。

この点、受験のときの得意科目と苦手科目に似ていますね。得意科目だったら、自信を持って解答することができますが、苦手科目だと不安です。ですから、得意科目を少しでも多くしておけば、合格の確率が上がりますよと言っているのです。

自信がある人の見かけと行動

自信があるとは、実際にはどういう見かけであったり、行動だったりするのでしょうか？　そういうものがあれば、たとえば自信がなくても、自信があるふりができます。本当は自信がまったくないのですが、面接官から見ると自信がありそうに見える、したがって面接は合格という連鎖が可能です。

次ページの図表5-1は、自信がある人の態度と自信がない人の態度を比較したものです。これにあるとおり、**自信がある人は、服装がしゃきっとしていて、堂々としていて、相手の目を見て、大きな声ではっきりと落ち着いて話し、背筋を伸ばして、さわやかな笑顔でいるポジティブ思考の人**ということになります。

PART 3 ｜ 実践編　**179**

自信がある人	自信がない人
・服装がしゃきっとしている ・堂々としている 　（落ち着きがある） ・背筋を伸ばしている ・相手の目を見て話す ・大きな声で話す ・さわやかな笑顔がある ・ポジティブ思考	・服装がヨレヨレ ・おどおどしている 　（挙動不審） ・猫背になっている ・視線を避けてうつむいている ・小さな声で話す ・仏頂面で顔がこわばっている ・ネガティブ思考

▲ 図表 5-1 自信がある人と自信がない人の違い

　ですから、このように、視覚的や聴覚的に自信がある人のように見せかけるだけでも良いのです。

自信がある人は、「〜思います」とは言わない

　もう１つ、自信がない人でも自信があるふうに見せる方法は、「話し方」です。まず、自信がある人は「〜思います」とは言いません。逆に「〜思います」という人は、自信がないように聞こえてしまいます。たとえば「自分の長所は、行動力だと思います」というのと「自分の長所は、行動力です」と言い切ってしまうのとでは印象が違うのです。さらに、「自分の長所は、圧倒的行動力です」と一盛りできればさらに印象が強くなります。「〜思う」は弱々しさを醸成しますので、面接では禁句にしておきましょう。普段から使わないように意識してみてください。

　２つ目は、面接では「丁寧語」「尊敬語」は必要ですが、自信がある人は「謙譲語」を過度に使いません。「謙譲語」は謙遜してへりくだる言葉ですが、先ほどの例ですと「自分の長所を申し上げますと、行動力になります」といった言い方になります。

インパクトに欠けますよね。だったら前述の「自分の長所は、圧倒的行動力です」の方が**強い自分**を演出できます。このように、言い方ひとつでも自信を演出することができるのです。

RULE 42

面接対策は、見かけから！

　前述したとおり、みなさんは、就活市場における商品です。通常の商品と同じように、パッケージは大切です。つまり、**面接対策の次のステップでは「見かけ」が大切ということになります**。見かけが良くないと、あなたという商品は買ってもらえないのです。

　就職活動において見かけが良い人は得か、内定がもらいやすいかという議論がありますが、現実的にはイエスです。

　ただ、それだけではないということです。「服装」の着こなしが良かったり「笑顔」が素敵だったりすれば、見かけ以上の好印象を与えることができます。身体的なものは全体の中の一部分であるということです。

　そこで、**第一印象がとくに重要**です。東京ガス都市生活研究所著『人は見かけで選ばれる』（KADOKAWA）では、面接の第一印象は入室時から第一声までで形成されるとともに、その第一印象は多くの場合（60.8％）、最後まで変化しないとしています。印象はいったん形づくられてしまうと最後まで変わらないのです。同書では第一印象によって、人柄、常識度、仕事に対する意欲を判断できるとしています。

　ですから、第一声までが最初の勝負どころということです。第一声までに分かるものとしては、次のようなものがあります。

【服装】

きれいですり減っていない靴、スーツの色・着こなし・サイズ、両肩のごみ・ほこり・ふけ、パンツ・スカートの正しい折り目、シャツやブラウスの色・サイズ・しわ、ブラウスの場合は、襟のデザインがスキッパーカラーとレギュラーカラーのどちらが似合うか、ネクタイの色・結び目

【髪型】

整髪、髪の毛の色・長さ、長さは「ショート」「ミディアム」「ロング」等があるが、自分が醸し出したい雰囲気に合っているか

【爪】

爪が伸びすぎていない、汚れていない、マニキュア・ジェルネイル・ネイルチップ・ネイルアートは原則しないが、する場合は、薄いピンク、ベージュ、透明色等の派手でない色

【化粧】

化粧をする場合は、濃すぎず薄すぎない色合いで、明るく健康的で清楚な印象を与えるナチュラルメイク

【小物類】

カバン、時計、眼鏡、ベルト等のデザイン・色

【歩き方・姿勢・表情】

歩く速度、背筋の伸ばし方、目つき、顔つき、笑顔

面接官は、面接室に入ったときからあなたの行動を細かくチェックしているはずです。

とくに清潔感の重要性を強調しておきます。私たちは、遺伝子レベルで清潔な人を求めています。私たちの身体には何兆というバクテリアが存在していて、その中には他人に害を与えるものもあります。ですから、清潔感がない人を生理的に排除しようとします。不潔な人は恋人として考えられないでしょう。それとまったく同じことです。

ですから、不快なにおいがしそう、ばい菌がいそう、汚れていそう等と思われないようにすることは当然なのです。

面接前の「はひふへほ」

清潔感を醸し出す一環として、面接の前は必ず30分は早く着いて、トイレに入りましょう。トイレで鏡を見て「はひふへほ」を確認することを習慣にしなければなりません。

チェックすべき「はひふへほ」とは

・「は」→ 「歯」をチェック
・「ひ」→ 「ひげ」をチェック
・「ふ」→ 「ふけ」をチェック
・「へ」→ 「ヘアスタイル」をチェック
・「ほ」→ 「ほほえみ」をチェック

です。これだけチェックして落ち着けば、面接前の気分はずいぶんと違うはずです。

RULE **43**

UNIT 5 / 面接の秘訣

自己紹介60秒バージョンを完璧にする

どの面接でも必ず自己紹介から始まります。60秒の場合（「自己紹介をお願いします」）や、30秒の場合（「簡単に自己紹介してください」）がありますが、必ず聞かれるお決まりの出だしです。

ここでトチるわけにはいきません。第一印象が重要と前項で申し上げましたが、逆に言えば、自己紹介で完全勝利すれば、そのまま内定にたどり着くことも可能です。ここで面接官を圧倒したいものです。**出だしが良いと自信になり、正の連鎖が開始されます**。

面接の出だしは誰でもあがってしまい、質疑応答の答えを間違えれば赤面することもあるでしょう。しかし、どんなにあがってしまっても、最初の自己紹介で声が出れば、自分のペースになるものです。ここでのキーワードは**圧倒的勝利**です。ここで勝たないでどこで勝てば良いのでしょうか。事前に出る問題が分かっているのですから、正しい解答も事前に作成することが可能です。

ではどんな自己紹介が良いのか？　必ず入れなければならない情報は以下です。

① 大学→学部→学年→氏名
② つかみ

PART 3 ｜ 実践編　185

③ アピールポイント（ガクチカの要約）

④ 趣味・特技

⑤ 締めの言葉

自己紹介のつかみ

　まずは、自己紹介における「**つかみ**」を学んでもらいます。「つかみ」とは、最初に相手の気持ちを引きつけて自分のペースに持っていくもので、よくお笑い芸人が最初に視聴者を引きつけるのと同じことをしてほしいということです。面接官に「この子、おもしろい」と思わせたら勝ちです。

　いろいろなパターンが考えられますが、

・気の利いた逸話を入れる

・クスッとさせる笑いをとる

・ギャップを強調する

という３つの方法を実例とともに学んでもらいます。以下は、過去の森川ゼミ生の実例です。

　第１に、「**気の利いた逸話**」で面接官の心をつかむ方法があります。

【例１】瀧澤の「澤」は４つの幸せと書きますが、そのために人より４倍ハッピーに生きています。

→　「瀧澤」という名字の学生ですが、画数が多く覚えづらいので、自己紹介の冒頭に名前のエピソードを入れました。それと同時に、幸福感にあふれる人材であることもアピールしています。ポジティブな感情を入れることで、一緒にいて楽しい人

であるという刷り込みを与える点からも良い出だしです。

【例２】自宅は神奈川県平塚市で、大学まで２時間半かけて通っており、友だちからは「JR」と呼ばれています。

→ 大学まで２時間半ということは往復で５時間の通学です。１限目の授業に出席するためには午前５時には起床していたということです。根気・根性があるということをを上手に暗示していますね。

【例３】わたくしのモットーは「なんでもありさ！」の精神で、なにごとも積極的に経験し、その経験の中から学んでいこうという行動力です。

→ この学生の名前は「亜理紗（ありさ）」と言い、名前をうまくもじっています。

第２は**「笑い」を誘って心を鷲づかみにする方法**です。自己紹介では、多少の笑いもとりたいところですね。大笑いではなく、「クスッ」とさせる笑いです。その好例を挙げておきます。

【例１】顔が日本人離れしているせいか、しばしばハーフですか？　と聞かれます。はい、北海道と東京のハーフです。

→ 面接官は自己紹介の出だしで、クスッと笑ってくれるはずです。

PART 3 ｜ 実践編　187

【例2】父の仕事の関係で、生まれてから高校を卒業するまでの18年間、ずっとシンガポールに住んでいました。日本は外国です。

→　私が所属する学部には、こういった日本人でありながら日本に住んだことがない学生がいますが、日本語があまり得意でないことを上手に暗示しています。

　3つ目は、ギャップを強調して「おもしろいやつ」と思わせるテクニックです（RULE 30）。

【例1】友人らからは「酒豪」や「ザル」と呼ばれるほど、お酒が大好きです。

→　この学生はアルコールがぜんぜん飲めなさそうな見た目をしているので、良いギャップになっています。一緒に働いて飲み会をしたいかもと思わせてくれる素敵な自己紹介になっています。

【例2】「顔が怖い」とよく言われますが、中学から高校まで白百合学園出身の箱入り娘です。

→　確かに普段の顔は怖いと思わせる学生ですが、それを上手に逆手にとっている自己紹介です。お嬢様学校出身であることとのギャップが良いです。

　以上は私のゼミ生の過去の実例でしたが、みなさんも自分の

個性がにじみ出てくるような「つかみ」を考えてほしいものです。この出だしでうまくいくと後の面接がスムーズに進みます。

自己紹介を上手に締めくくる

自己紹介後半の「趣味・特技」「締めの言葉」も、「つかみ」と同じくらい重要です。後半でも面接官の興味を引きたいので、慎重に考えておきたい箇所になります。履歴書の中でも、長所・短所、趣味・特技を書いてあるかと思いますが、それをやや強調する形にすると良いでしょう。

趣味・特技

趣味や特技を上手に口頭で表現できると、笑いもとれるはずです。

実例としては以下のようなものがあります。

> 【例1】特技は天気図を書くことです。高校時代、山岳部に所属していて、登山競技大会での審査項目にあったため習得しました。登山は今でも好きで、地元・北海道の最高峰である旭岳も含めた45の山々に登頂しています。

→　これは女子学生のものです。男子学生ならありがちかもしれませんが、女子学生であるからこそ、ギャップがあり、興味を持ってもらえる特技になります。

> 【例2】特技はゴルフでハンデ9です。ほかにもカラオケ、日本酒が好きで、中身はおじさんですが、最近はひとり暮らしを始めて料理に励んでおります。

PART 3 ｜ 実践編　　189

→ ゴルフや麻雀は、とくに中年以上の男性面接官の興味を引くことが多いです。さらにカラオケ、日本酒とくればなおさらです。

> 【例３】趣味は５歳から始めた空手です。中学２年生のときにバンコクで開催された世界大会に出場しました。現在は初段ですが、２段取得を目標に日々励んでいます。

→ スポーツ経験がうまく強調されて、面接官の興味を引くことでしょう。

締めの言葉

自己紹介の最後は「締めの言葉」です。当然、「本日はよろしくお願いいたします」となりますが、それだけでは物足りません。ですから、その前にアピールポイントを強調しておきたいところです。

パターンはいくらでも考えることができますが、以下、３つの実例を挙げておきます。

> 【例１】特技はラーメンの早食いです。１杯を３分以内にスープまで食べきることができます。本日は、早食いで身につけた泥臭さと御社への熱い思いをアピールできたらと思います。

→ 特技と締めの言葉を上手に組み合わせた自己紹介です。「御社への熱い思い」というのが良いですね。第一志望であると暗示しています。

【例2】趣味は高校の時から続けているバドミントンです。相手の意表をつくドロップ・ショットが得意ですが、本日は鋭いスマッシュを決めたいと思っております。

→ こちらも趣味と締めの言葉を組み合わせています。

【例3】本日は応援部で鍛えた根性と、どんな環境でもやり抜く臨機応変さをアピールできたらと思います。

→ こちらは体育会系の応援部のチアリーダーだった学生のものです。

　以上が自己紹介の実例です。繰り返しますが、**自己紹介では圧倒的勝利をめざしてください**。どの企業の面接でも必ず聞かれるものなので、事前の準備が可能で、ここで失敗するわけにはいきません。

PART 3 ｜ 実践編　　191

| RULE **44** |

常に「結論ファースト」で話す

　日本特有の**「起承転結」は、面接においては最悪の話し方である**ということを、先に申し上げておきます。面接の話し方としては絶対にしてはいけないパターンです。面接の時間はたったの30分しかないのですから、「起承転結」で話したら不合格間違いなしです。

　面接では「結」から入ります。内定を獲得するためには会話の基本は**必ず「結論ファースト」**です。「起承転結」で言えば、面接で必要なのは「結」と「承」であり、残り2つの「起」と「転」は必要ありません。まず、ガーンと「結」を述べてから、その結論を肉づけする意味でエピソードである「承」を加えていきます。

　たとえば面接官に「あなたを花にたとえると何になりますか?」と聞かれた時、答えは「そうですね、性格が太陽のように明るいと言われるので、ひまわりでしょうか」ではありません。面接官はイライラしてしまいます。正しくは「ひまわりです。性格が太陽のように明るいと言われます」となります。

　問われているのは、**論理的な会話能力**です。あなたの複雑にして言語化が難しい考え方なり個人的な経験を、筋道を通して分かりやすく話す能力が不可欠です。そのためにはまず、結論ファーストが基本である点を、承知してください。

　さらに必要な点があるのですが、その原則を2つ、述べてお

きます。

① 箇条書きで話す

② 5W3Hに気を配る（5W1Hに2つのHを加えたもの）

この2つさえ厳守できれば、みなさんの会話力は飛躍的に向上します。

① 箇条書きで話す

第1に、面接では結論ファーストが必須ですが、その場合、結論が2つ以上ある場合があります。たとえば、「弊社を志望した理由はなんですか？」の理由が複数になることがあるでしょう。その場合、1つを述べて、「また」とつないで話すと面接官にはしっかり伝わりません。

ですから、グダグダ長く始めるのではなく、まず最初に

※ 御社への志望理由は2つあります

と最初に結論を述べて、そのあとに、**「1つ目は〜です」と説明して、その後、「2つ目は〜です」といったように箇条書きのように話す**のが鉄則です。

あるいは、「地球温暖化の原因である二酸化炭素の排出はどのように削減したら良いと思いますか？」といった質問に対しては、結論ファーストでいうと「削減する方法は3つあり、A、B、およびCです」というような答え方になります。

このような話し方に慣れておけば、どんなに感情が高ぶっても、会話を冷静にコントロールでき、多少横道に逸れても、再び本線の会話に戻ってくることが可能です。

② 5W3Hに気を配る

第2に、5W3Hを念頭に入れて話すということです。5W1H

PART 3 | 実践編　193

の重要性は何度も強調してきました（RULE 23）。繰り返しますが、5W1Hとは、When（いつ）、Where（どこで）、Who（誰が）、What（何を）、Why（なぜ）、How（どのように）の6つをまとめたものです。

　さらに上級の就活生は「**5W3H**」を駆使することが大切です。つまり、

・How much（いくら）→コスト
・How many（どのくらい）→規模

が重要なのです。とくに、ケース面接のような場合には、この2点は非常に重要で、コストと規模の両面を勘案して話さなければなりません。

　面接では必ず面接官に5W1H（あるいは5W3H）が伝わるような話し方にしなければなりません。とくに個人的な経験を話すときには、ついどれかが漏れてしまうことがありますので、日ごろから気をつけて会話することが肝心です。

　たとえば、面接最頻出の質問として

※　あなたの挫折経験を教えてください。どのようにその挫折を乗り越えましたか？

というものがあります。

「結論ファースト」、「5W3H」を念頭において話せば、「最大の挫折は、大学入試で第一志望の大学である◎◎大学に合格できなかったことです。3日間寝込んでしまいました」とまず切り出します。そうすれば「自分」（Who）、「高校3年生のできごと」（When）、大学受験（What）、3日間寝込んだ（How much/How many）が瞬時に分かります。あと足らないのは、「Why」「How」ですので、「合格できなかったのは、受験日当日に風邪

194

をひいて39度の熱が出てしまい、体調不良の中、受験したためです」といった流れになります。

このように、**「結論ファースト」**、**「箇条書きで話す」**、**「5W1Hあるいは5W3Hに配慮する」**の3つで劇的にあなたの会話力はアップします。習慣にしておかないと面接という緊張感が最高潮に達する場面では咄嗟にでてきませんので、普段から練習してみてください。

PART 3 | 実践編　195

RULE 45

「自己分析」について頻繁に聞かれる質問とは？

　30〜60分の面接で主に聞かれるのは、
- **「自己分析」**
- **「ガクチカ」**
- **「志望動機」**

の3つと申し上げました。ですから、この3つを集中的に練習しておくことが肝要です。

　もちろん、そのほかの質問もされますよ。「最近、気になったニュースはありますか？」、「尊敬する人物は誰ですか？」、「現在の米国大統領をどう思いますか？」、「最近読んだ本の中で感銘を受けたものはなんですか？」といったものです。ビジネスパーソンになるわけですから、政治・経済のニュースはおさえてほしいし、本からどのようなインプットが行なわれているのか知りたいと思うのは当然です。でも、それは後回し。就活直前でも対応できます。とりあえずは「自己分析」、「ガクチカ」、「志望動機」の3つに集中すべきです。

　面接官が「自己分析」について問うのは、みなさんのことを深く知り、その企業で十分にやっていけるのか、相性の良し悪し、企業への熱意を測りたいためです。質問の答えはあなたしかできませんが、その答えに対して判断をするのは企業側です。正答というものはありません。いかにもっともらしく話せるの

かという説得力が問われる場面です。

　まずは、頻出問題を列挙しておきます。ここまでに

※　**あなたの長所・短所を教えてください**（RULE 35）
※　**挫折経験を教えてください**（RULE 07、44）
※　**リーダーシップ経験を教えてください**（RULE 15、28）

は前出して解説しました。

　そのほか、頻繁に問われる自己分析の質問は以下のとおりです。

1．**自己PRをしてください（また、それが実際に弊社の業務にどのように役に立ちますか？）**
2．**苦手なタイプの人はいますか？**
3．**あなたの強みと、それを表わす具体的なエピソードを教えてください**
4．**あなたは周囲の人からどのような人だと言われますか？**

　とくに重要なのは、最初の2つの質問です。「自己PR」は「あなたの長所はなんですか？」と同じ質問かもしれません。面接官によっては同じであり、自己PRを聞いたら、長所・短所は聞かない場合があります。その反対に自身の最大の「売り」を述べる自己PRを聞いたあとで、性格的な長所・短所も聞く面接官もいますので、準備としては**自己PRと長所とは別と考えて2つ用意しておくことが賢明**です。長所は性格に関するもの、自己PRはそれ以外の「売り」というふうに分けておくのが良いかもしれません。

　ですから、長所・短所の項（RULE 35）で掲げた一覧表から2つ選んでおくのでも良いです。みなさんが何をアピールした

いのかを問われているので、どの答えでも正答なのですが、必ずその自己PRに伴うエピソードを添えて、前述の5W1Hに気をつけて述べたいところです。

「好奇心旺盛で新しいことに挑戦する行動力」、「探求心がある」、「チャレンジ精神がある」、「行動力がある」といった**抽象的な言葉から入り、具体的な経験に落とし込んでいく**のが良いパターンです。

次に「苦手なタイプの人はいますか？」は良問です。答えるのが難しいので、咄嗟に出されるとみなさんの本性が出てしまうという意味で良い質問と言えます。典型的な苦手な人は、長所・短所の項（RULE 35）の一覧表の短所で掲げたものに「人」をつければイメージできます。「約束を守れない人」、「短気な人」、「優柔不断な人」、「ネガティブ思考の人」等となります。そのほかには、「ウソをつく人」「協調性のない人」、「いつも不機嫌な顔をしている人」、「えばる人」、「挨拶ができない人」といったものもあります。

事前に1つを選んでおきましょう。どれでも良いです。ただし、「苦手な人はいません」は会話が続かないのでNGですし、「クサい人は生理的に無理」とか「顔が好みではない」というのも禁止です。大切なのは、続いて質問される

※　**そういう人と一緒に仕事をすることもあります。その場合、どのように対応しますか？**

ですので、そこにつながるものが正解となります。

実際にみなさんが苦手と感じる人と同じ部署になって一緒に仕事をする可能性もあります。そのようなときに、対処法を提示することで、チーム内の一員として十分にやっていけるというメッセージになります。

たとえば、次のような会話になることを期待しています。

面接官：あなたにとって苦手な人というのはどういう人ですか？

あなた：時間にルーズな人が苦手です。

面接官：過去に、そういった経験がありましたか？

あなた：はい。授業の共同プロジェクトで、5人が1つの論文を提出しなければならないことがあって、1人の学生が30分も遅刻してきました。自分たちの貴重な時間を無駄にしたくないのと、たいへんな仕事であるものほど早く終わりにしたいという気持ちがありましたので、なおさら約束の時間を守れない人には困ったものと思いました。

面接官：その遅刻した人とはどのように対応しましたか？

あなた：幸い、4人が同じ考えを持っていたので、その人に対して「遅刻でみんなが迷惑している」と伝えました。「30分も無駄にしてしまった」と。それで『次に遅刻したときは、全員のコーヒー代はおごりだよ』ということにしました。さすがに懲りて直るかと思ったのですが、2回目も遅刻していました。当然、約束どおり、全員分のコーヒー代を出してもらいました。それでやっと凝りたのか、それからは遅刻が直りました。人間、痛い思いをしないと理解してもらえないようです。

PART 3 ｜ 実践編 199

RULE 46

「ガクチカ」について頻繁に聞かれる質問とは？

　面接では「ガクチカ」について詳細に聞かれます。ガクチカに関する質問の中で頻繁に聞かれるものトップ3は以下のとおりです。数は少ないですが、どれも良問です。

1. ESでも提出していただきましたが、改めて「大学時代、最もがんばったこと」を教えてください
2. 「がんばったこと」の中で、一番たいへんだったことはなんですか？　また、それはなぜですか？
3. 「大学時代、最もがんばったこと」は、弊社でどのように役立ちますか？

　第1の質問は、すでにESとして提出したガクチカを深掘りする手順として最初に聞かれる質問です。「ESをかいつまんで万遍（まんべん）なく話す方法」と、「ガクチカの中の1つをとくにハイライトして話す方法」の2つがありますが、みなさんがどちらの方が話しやすいとか、面接の時間がどの程度残っているのか、相手が人事課社員か幹部のどちらであるかで決まると思われます。ただ、「それはもう提出書類に書いてあるから」と言われてしまうことを考えると、後者のハイライトバージョンの方が効率的でありかつ安全かもしれません。ESの中では、ガクチカを始めた「きっかけ」について言及してあるはずですが、もし言及

していなかったら、この面接時で説明しておくのが良いでしょう。

第2の質問も定番です。RULE 07、44でお話した「あなたの挫折経験を教えてください」とつながる質問で、どのようなつらい経験をして、それをどう乗り越えたのかについて聞きたいというのがこの質問の意図するところです。

第3の質問が最も重要なものです。ここでいう「どのように役に立ちますか？」は、「弊社の仕事とどのような関係がありますか？」、「ガクチカの経験をどう生かしますか？」といったように形を変えて聞かれます。事前に準備しておきたいところです。

たとえば、日系電機メーカーの面接で、ガクチカが「デジタル・マーケティング」や「ソーシャル・ビジネス」、「会計学」といった経営学に関するものや、「国際開発学」、「EU研究」といった海外事業部に関する分野である場合には、比較的説明がしやすいです。むしろこの質問はされないかもしれません。

他方、「物理学」、「政治学」、「メディア学」といった、==一見なんの関係もないような分野であれば必ず説明を求められるでしょう==。でも大丈夫。面接官はその分野のプロではないので、もっともらしい説明ができれば良いのです。「物理学」だったら、「物理学で求められる思考のプロセスはビジネスにおける利潤追求のプロセスと同じで〜」という形で入り、両者の類似点を専門用語を使って説明すれば良いです。「政治学」の場合は、「どんなビジネスであっても、政治の影響は受けるもので、政治に敏感な経営者であることが求められる時代です」と切り出

PART 3 | 実践編 201

せば、自分の得意分野である政治学の話に持ち込めます。「メディア学」も同じです。「どの企業においても広告、広報の役割は大きく、その基本を知っておくことは企業戦略として重要です」と始めて、メディアの中の広告、広報の話に持ち込むことが可能です。

このように==ガクチカと企業の関係はいくらでもつなげることが可能なのですが、この質問に対して、面接前に入念に準備しておくことが肝要==です。準備しておかないとフリーズしてしまうこと必定です。

| RULE **47** | 面接の秘訣

UNIT 5

「志望理由」について
頻繁に聞かれる質問とは？

　　　面接において「志望動機」を聞かない企業はありません。ですから、すべての質問の中で最重要であり、ここでの対応が合否の分かれ道になります。

　　志望動機に関連する質問としては、すでに

- 10年後（あるいは20年後）のあなたをイメージすると、どのようになっていると思いますか？（RULE 02）
- あなたの就職活動の軸はなんですか？（RULE 02）
- この業界を志望する理由はなんですか？（RULE 09）
- あなたの企業選びの基準はなんですか？（RULE 10）
- OB・OG訪問はどのくらい行ないましたか？（RULE 29）

等があるとご説明しました。たいへん重要な質問です。

　　ここでは、それ以外の重要な質問について解説します。事前に準備しておくべき質問内容は以下のとおりです。

１．弊社に入ってどんなことをしたいですか？（どんな部署に配属されたいですか？）
２．もし希望部署に配属されなかったら、どうしますか？
３．弊社の課題はなんだと思いますか？

　　第１の質問は、ごく一般的なものですでに志望理由書のESで書いているものを繰り返し述べてもらうものです。そこから

PART 3 ｜ 実践編　　203

深掘りされていきます。ただ、カッコ内の「どんな部署に配属されたいか」については、企業にどんな部署があってどこに配属されたいのか、それはなぜかといったように詳しい質問になっているので、事前に調べておくことが肝心です。

　第2の質問は、<mark>配属リスクに関するもので、総合商社を受ける人であれば必ず聞かれる質問</mark>です。なにしろ、総合商社は極端な言い方をすれば、中小企業の寄せ集め団体であり、「ラーメンからロケット」まで取り扱っていますから、すべての内定者の希望通りに配属されることはありません。企業側としても、配属リスクについてどう理解しているのか、事前に聞いておきたいところです。

　<mark>リテール業界も同じく配属リスクが高い</mark>です。就活生の多くは「企画室」に配属されたいと願っているようですが、リテールである以上、数年の間は、お店の店頭に立って商品を売ることになります。その我慢（？）をどのようにとらえているかを必ず問われます。同じように、大企業で「広報を担当したい」というニッチ的な職種を希望する場合とか、営業希望だがバックオフィスをどう思うかといった質問はしばしば行なわれるところです。当然、「希望の部署に配属されないなら、内定はいりません」とも言えないので、<mark>自分の軸を主張しつつも、どの部署でも良いといったニュアンスの模範解答</mark>を考えておきたいものです。

　たとえば、次のようなものではいかがでしょうか。

【例１】いずれは〇〇部で働きたいと願ってはいますが、最初の10年は会社全体の人とお金の流れを知っておきたいとも思っておりますので、若い頃はむしろいろいろな経験を積みたいです。

【例２】人事部のみなさまが私の性格や特性を勘案して最適であると判断してのことであると思いますので、どんな部署に配属されようとも全力を尽くす所存です。

ちなみに、広告代理店でこの配属リスクの質問を問われたところ「マーケティングでないと困ります」と延々述べたところ、逆にこだわりがあってよろしいと内定をもらったというケースもありました。しかし、これはたまたまラッキーだったケースかもしれませんので、安易に真似しない方が良さそうです。

３つ目の質問「弊社の課題はなんだと思いますか？」はたいへん意地悪な質問です。地雷満載の質問です。正直に答えて成功した学生もいましたし、地雷を踏んで粉砕されたゼミ生もいました。

成功した例としては、外資系スポーツメーカーの２次面接でこの質問をされた学生は「ナイキ等の競合他社ブランドに比べて、御社の顧客ターゲットが狭い点です。とくに靴に関しては本格的にランニングするユーザーには強い支持と信頼を得ていることが御社の強みの１つではありますが、グローバルでより収益をあげるためには、顧客ターゲットを広げる必要があります」と答えました。さらに、その後に、実際に顧客を増やす方

法を２つ提案しています。内定を獲得できた例です。

　もう１つ、総合商社に内定を勝ち取った学生ですが「先日OB訪問をしたところ、OBの方が御社のアフリカ投資額が同業他社に比べて少ないとご指摘されていました。確かに、アフリカの将来性を考えると、いまのうちに先行投資しておくのも１つの考え方だなとわたくしも思いました」と言ったとのことです。**自分が直接批判するのではなく、OBのせいにして質問をかわした例**です。

　他方、完全にこの質問で落ちた例もあります。飲料メーカーの最終面接でこの質問をされた学生がいましたが、「**CMが面白くありません**」と言って場がシラけてしまい、一発アウトになりました。

　また、別のゼミ生で政府系機関の面接でこの質問が出されて「ODA（政府開発援助）はボランティアではなく、外交手段の１つだと認識しています。しかし、インドネシアの友だちが、中国がつくった道路は知っているが、日本がつくった橋は知らないと言っていました。東南アジアでは中国の看板ばかりが目立ち、日本のアピールが足りません」と正論を言ったところ、10秒後には面接が終了したというエピソードもあります。痛いところを正面切って突かれると、面接官の気に障って落とされる憂き目にあうことがしばしばあることを知っておかねばなりません（なお、このゼミ生は現在、日本銀行に総合職で勤務しているほど優秀な学生です）。

　ですから、この質問にはとくに入念な準備が必要です。この質問に答えるためには、**その企業の全体像について知っておかなければなりませんし、場合によっては所属する業界についても詳しく知っておく必要があります**。相手を批判するわけです

から、愛社精神旺盛な面接官であれば、返答によっては自分の立場を忘れて不機嫌になる場合もありますので、上手な対応が必要です。

　なお、**どの企業にも応用可能な例として、株価で攻めることも１つの手**です。たとえば、

> 御社のPBR（株価純資産倍率）ですが、数日前に調べたところ、〇〇で、PER（株価収益率）は〇〇でした。同じ業界の他社と比較して、PBRはほぼ同水準か、あるいは上回っています。しかし、PERの水準が低い状態です。御社の過去の水準と比較しても、前年度は低迷している状態です。この点に改善の余地があると思います。

といった形で株のパフォーマンスについて言及することが可能です。株価について興味があるならば、有効な返答となります。面接官も自社株のことは多少なりとも把握しているでしょうから、会話が盛り上がることでしょう。

RULE 48

「なぜ、なぜ」攻撃に対して5回連続で答えることができるように訓練しよう

　面接官の中には「圧迫面接」によって、学生を精神的に追い込んでどのように対処するかを試そうとする人がいます。面接で態度が横柄だったり、怒鳴ったりすることは今ではほとんどありませんが（昭和の時代にはありました）、あなたの話に対して「私はそうは思わないけれど、どうしてそういう意見になるのですか？」という否定意見を述べられたり、「なぜそう思うのですか？」と問われたりするケースがあります。これは圧迫面接というよりも当然の「深掘り」です。対処できなければなりません。

　現在でも、グレーゾーンの意地悪な質問はありますよ。たとえば、「第一志望って言っても、すぐ辞めちゃうこともあるよね？」、「あなたの性格では弊社は難しいと思うけれど、どうかな？」、「それはありふれた動機だね。ほかにはないの？」、「話が長いんだけど、もっと手短に話してくれない？（つまり何が言いたいの？）」といったものです。

　こういう面接官に出会っても、しっかり返答しておきたいものです。回答に窮して黙ってしまうことや、イライラしてその感情が顔や態度に出てしまうということは決して避けなければなりません。窮したときにどのような態度に出るかということも審査されているのです。ストレス耐性がある人材の方が良い仕事ができますし、口八丁手八丁な人材の方が営業には向いて

いますので、こういう難問が出たときこそ、しっかり対応すべきです。

「なぜ、なぜ」の練習をして、「深掘り」に備える

「なぜ、なぜ」攻撃は友だちとチームを組んで事前に練習しておくことが必要です。自分の本質を知る上で良い勉強になります。聞かれる分野としては「自己分析」、「ガクチカ」、「志望動機」の３つですから、各々に自分で「なぜ、なぜ」と深堀りしておくことが可能です。

たとえば、あやふやな志望理由の学生を見分ける最も有効な面接方法が、この「なぜ、なぜ」攻撃です。たとえば、ビール会社に応募した学生の志望動機が「御社のビールが大好きだからです」だったら、一発で撃退されてしまいます。「なぜ弊社のビールが好きという消費者が、弊社に勤めたいという志望動機に変換されるのですか？」と返されたらひとたまりもありません。ですから、飲食業界で「御社の○○が好きだから」という動機は使えないということが分かります。

「なぜ、なぜ」攻撃への対策は、<mark>一般論を避けなるべく自分だけが知るエピソードに持ち込むことがベスト</mark>です。自分だけが知るエピソードについて面接官は知りえませんから、深堀りしづらいです。

一例として、元ゼミ生のＭさんとの「なぜ、なぜ」問答を披露します。志望業界は出版業界で「なぜ出版社なのか」を問う志望動機に関するものです。実際のゼミ生とのやりとりをそのまま披露しますので、参考にしてください。

PART 3 ｜ 実践編 209

面接官：弊社（出版社）が第一志望ということですが、勤務と
　　　　なった場合、どの部署に配属を希望していますか？

学　生：私が製作したコンテンツで読者に影響を与えたく、と
　　　　くにファッション誌を志望します。

面接官：**【第1のなぜ】なぜ、ファッション誌なのですか？**

学　生：北海道の田舎で生まれ育ち、高校時代は泥臭い登山に
　　　　全力を尽くした垢ぬけない私に、メイクやファッショ
　　　　ンの魅力を教えてくれたのが御社のファッション誌だ
　　　　ったからです。

面接官：**【第2のなぜ】なぜ、メイクやファッションが大切な
　　　　のですか？**

学　生：人に変化と自信を与えてくれるものだからです。実際、
　　　　流行遅れで恥ずかしがり屋だった私が、上京後にアパ
　　　　レル店や出版社のT社でインターンシップを行なった
　　　　のも、メイクやファッションへの想いがあったからこ
　　　　そと考えております。

面接官：**【第3のなぜ】なぜ、変化が重要なのですか？**

学　生：自分に自信が持てなかった私にも、東京で恋人ができ
　　　　たり、お客さまや読者の方に自分の考える「かわい
　　　　い」や「おしゃれ」を勧めることができたりするまで
　　　　変わることができました。

面接官：**【第4のなぜ】では視点を変えて、なぜ、雑誌という
　　　　メディアでなくてはならないのですか？　テレビでも
　　　　YouTubeでも、あるいは化粧品会社でもアパレル会社
　　　　でも良いと思うのですが。**

学　生：化粧品会社・アパレル会社に比べて、雑誌では服とメ
　　　　イクの両方に特化したコンテンツを幅広く読者に届け

ることができます。国内だけでなく海外の商品、一社だけでなく多種多様なメーカーの商品、どちらか一方でなく服とメイクの両方を専門性高く紹介できるのは、雑誌ならではと考えます。また、御社の雑誌編集部では、雑誌というメディアの枠を超えたコンテンツを読者に届けることができます。テレビ局とのコラボ企画から、YouTubeやインスタグラムでの発信、イベントの実施まで紙・映像・デジタル・実体験を通じて幅広く読者にアプローチしている点が魅力的と感じています。

面接官：やはり紙媒体の将来は明るくないと思っているということでしょうか。

学　生：はい、僭越ながら。紙媒体単体で勝負するのは難しい時代と考えております。紙・デジタル・実体験等、媒体を問わずコンテンツを製作したり、付録をつけたりと時代に合わせた工夫をして消費者に発信し続ける必要があると考えます。

面接官：**【第５のなぜ】でしたら、なぜ、紙媒体のファッション誌にこだわるのですか？**

学　生：紙媒体単体での売り上げ向上は難しいと思いますが、紙媒体にこだわる読者が一定数存在するのも事実です。実際、私がインターンシップを行なったＴ社でも、デジタル誌の売り上げが伸びているからといって紙媒体の売り上げが大幅に落ちているわけではありませんでした。メイク用品等の付録を添付できるのは紙媒体ならではです。紙媒体は残しつつ、他メディアと組み合わせていくことが大切であると考えます。

PART 3　|　実践編　　211

これから先も延々と続くのですが、ここまで5つの「なぜ」を披露しました。十分に合格点があげられる返答だと思います。先ほど申し上げましたとおり、**自分のエピソード**でなるべく勝負しようとしていますし、現在までの経験から得た夢やビジョンも織り込み、また自分をあえて卑下する**アンダードッグ効果**（面接官から同情を買うことで逆転勝利を狙う心理的作戦）も使っています。このようなやりとりをよどみなく、相手の目を見ながら、笑顔でできれば、合格です。

　「なぜ、なぜ」攻撃について最後に一言。**「なぜ」と質問をしてくる面接官に当たったらラッキーと思いましょう**。その方が勉強になりますし、「なぜ」と聞いてこない面接官よりも当落の箇所がはっきりするからです。落ちたときも「ああ、あそこが悪かった」と納得し、反省することができます。

　他方、面接官の中には、終始ニコニコしながら質問して、学生を褒めちぎってくれる人がいます。面接直後には「やった、合格だ！」と思っても、数日後には「お祈りメール」がくることがあります。いったい何が悪かったのかさっぱりわからないで落とされるのです。そんな「良い人」のふりをしてしっかり落とす面接官より、「なぜ、なぜ」を繰り返して勝ち負けをはっきりさせてくれる面接官の方がよほど就活生のためになります。ですから、このような面接官に出会ったら「しめた！　ありがとう。がんばるぞ」と思いましょう。

UNIT 5 面接の秘訣

RULE **49**

面接官との距離を縮めることができれば、内定間違いなし

　面接時における「距離感」は重要な課題です。RULE 17では、企業は、一緒にいて楽しい人、一緒に働いてみたいと思わせる人材を求めていると申し上げました。一緒に働いて楽しい人かどうかを面接で見極めているということでもあります。ですから、暗い人より明るい人、つまらない人より楽しい人、個性がありつつもチーム内でやっていける人を求めていると解説しました。

　面接を担当する方も1人の人間です。面接然とした固くつまらない空間では、面接官も意地悪な質問、形式的な質問をしてしまいます。距離が狭まった人間味のある空間をつくることができれば、面接官は学生の売り込みたいところを深めるような質問をしてくれますし、弱点には共感してくれます。

　それを「距離感」というのですが、みなさんが適切な距離感で話してくれると、楽しい面接になり、合格間違いなしです。合格のためにまず気をつけたいのは、**準備のしすぎによるスピーチ調・暗記調で話すのではなく、「会話」調で話すことが重要**です。言いたいことを事前に暗記するのは当然ですが、暗記したものを自分の骨や肉にするために練習することも当然なのです。その成果を本番の面接で生かしましょう。普段の会話のように落ち着いて話すことで、ほかの人とは違う自分らしさを伝

PART 3 ｜ 実践編　213

えることを意識したいものです。節度を逸脱してふざけてはいけませんが、なるべく面接官との距離を縮める努力は行ないたいですね。

楽しい面接にするために、==笑顔を忘れない==ことはRULE 41で申し上げたとおりです。面接会場に入るときは、いわゆる営業スマイルではなく、大好きな親戚に会ったときのような、あるいはお世話になった恩師に久しぶりに会ったときのような笑顔で、心を込めて会話すべきです。

もう一歩進めて、==1回の面接で1回は笑いをとりたい==ものです。機知に富んだユーモアがある人というのは、一緒にいて楽しいです。ですから、RULE 43で述べた自己紹介での決めぜりふの中に1つ、笑いがとれる項目を入れておけば、その後、笑いをとろうとしなくても大丈夫でリラックスして話すことができるはずです。

また、RULE 48では、==アンダードッグ効果==の効用についても解説しました。とくに、「あなたの挫折経験を教えてください」という質問では、アンダードッグ効果を狙いたいです。挫折経験ですから、相手がこれはちょっとと思うような経験（たとえば、中高時代はずっと引きこもりだった）だと必ずしも感情移入ができませんが、面接官の同情を誘うような経験（たとえば、海外留学をしたが当初は授業についていけず、またクラスの中に日本人留学生は自分1人だけでなかなか友だちもつくれずに苦労した）では、アンダードッグ効果が狙えます。さらに、留学の例でいうと、「勇気を出してクラスメイトに話しかけて友だちをつくり、その友だちと協力して予習や復習をすることで授業も理解できるようになった」というように「挫折を乗り越えた経験」までつなげることもできます（RULE 44参照）。

距離が縮まったサインは?

では、距離が縮まってきているのか、どうやって判断できるのでしょうか?　その兆候としていくつか挙げられます。

まず、**面接官の笑顔**です。リラックスしてきたからこそ、笑いが出てくるものです。たとえば、実際の就活生であったことですが、自己PRの際に「御社」と「弊社」を言い間違えて「弊社でも長所である粘り強さで仕事に取り組みます」と言ってしまい、慌てて訂正したところ、「気が早かったね」と面接官に笑われてしまいました。それに対して「はい、少々気が早かったです。たいへん失礼しました!」と返事をしたら、面接官3人が笑ってくれたとのことです。このやりとりで「内定来たかも!」と思えたようです。

また、面接官が丁寧語をやめて、**フランクに話すようになったときもリラックスしてきた兆候**です。面接の序盤では「では、弊社ではどのような仕事に取り組みたいと思っていますか?」と堅苦しい態度でしたが、距離感が縮まってくると、「良いね〜、じゃあ、実際にうちの○○部に配属されたとして、どんなことやりたい?」といったようにくだけた口調になります。

さらに、面接官が**自分のプライベートなことを話し始めたら、打ち解けてきたサイン**です。たとえば「趣味は釣りです」という回答に対して、「休日は僕も釣りしているんだけど、先月、日原川に行ったよ。海釣りはやったことがある?　東京だったらゲートブリッジがお勧めだよ」と自分の趣味のことを話したりするようになります。

RULE 50

「逆質問」は大チャンス

　心理学の観点から、「逆質問」（面接官が「弊社について何か質問がありますか？」という逆に就活生に質問してくるもの）がいかに大切かを述べておきます。知ってもらいたい心理学用語を**「プライマシー効果」、「リーセンシー効果」**と言います。

　プライマシー効果は「初頭効果」というもので、「最初に与えられた情報は印象に残り長期記憶に引き継がれやすいこと」を言います。面接においてプライマシー効果が発揮できるのは、前述の自己紹介ですね（RULE 43参照）。ここで勝利することが大切なのは、この効果があるためでもあります。

　もう1つがその逆の「リーセンシー効果」で、その意味は「最後に与えられた情報も印象に残りやすいこと」です。つまり、**面接の中で面接官に最も印象を残しやすいのは、最初の「自己紹介」と最後の「逆質問」**ということになります。

　ですから、

※　**あなたの方から、弊社について何か質問はありますか？**

と聞かれたら、強烈な印象を残す大チャンスだと思ってください。

　この質問はどの会社の面接でも必ず聞かれますので、事前の準備が不可欠となります。「とくにありません」とは絶対に答えないこと。面接官の心を鷲掴みにする逆質問をしたいものです。

まずは地雷を踏まないように気をつけましょう。たとえば、インターネットで調べれば簡単に答えられるような質問（「初任給はいくらですか？」、「福利厚生はどうなっていますか？」、「従業員は何人いますか？」）や、個人的すぎる質問（「社内結婚をめざしていますが、社内結婚の割合はどのくらいですか？」、「先月はどのくらい残業しましたか？」）、さらには知ったかぶりの質問（「御社の昨年度の総利益は○○億円ですが、来年度はどのくらいの予想をたてていらっしゃいますか？」、「御社のビジネスモデルに共感しますが、このモデルはどなたがつくられたのでしょうか？」）や、面接官が答えられないような質問（「中途採用者はどのくらい活躍していますか？」、「来年度の海外戦略について教えてください」）は完全にアウトです。

　したがって、面接官が気持ち良く答えられるような質問がベストになります。最もポピュラーな逆質問としては、

・御社から内定が出てから卒業までに半年ありますが、その間にぜひしておくべきことがあったら教えてください
・御社に勤務するうえで、これだけは覚悟しておいてほしいというポイントがあれば教えてください

というものがあります。どの企業にも使えるというメリットがありますし、「御社が第一志望である」ということを暗示もしていますので、使える逆質問です。ただし、このような逆質問はインターネット等で調べてもすぐに出てくるものなので、ほかの学生と被る可能性も高いです。良い逆質問はほかの学生も使うであろうことは覚悟しなければなりません。

PART 3 ｜ 実践編　　217

そのほかには、

・御社で活躍している人の共通点があるとすれば、どんな点でしょうか？
・入社したらいろいろな人からお話を伺ってみたいと思っていますが、御社では、自分の所属する部署を越えた交流を促す社風はございますか？
・いままでのお仕事の中で「この仕事をやっていて良かった」と思えた瞬間はどんなものだったでしょうか？

といったものがあります。こちらも普遍性があって、どの企業でも使えます。

　過去のゼミ生の中に「○○さんは△年こちらにお勤めでいらっしゃるということですが、○○さんを御社に居続けさせているものはいったいなんでしょうか？」という質問をした学生がいました。すると面接官は、会社の好きなところや今まで仕事の中で嬉しかったこと、やりがい等を自ら語り始め、話が盛り上がったとのことです。「仕事におけるやりがいを教えてください」等と聞くよりもずっと効果的で、面接官自身に考える余地を与え、その結果、面接官に語らせることができることになりますので、距離を縮めるという意味でも有効です。

　要約すると、ベストな戦略としては、3つくらいの模範的な質問を用意しておいて、実際の面接の流れ次第で、どれが適切な逆質問なのかを面接中に選ぶというのが良いでしょう。
　重要な点は、逆質問が終わったら必ず、「ありがとうございました」とお礼を言い、続けて「おかげさまで、入社後のイメージができました」「ますます御社への熱い想いが増大しまし

た」「この夏休みを有意義に過ごす方法が分かりました」等とつけ加えて終わることです。**聞きっぱなしにならないように注意しましょう**。

就職活動で知っておくべき格言

格言	RULE
就活生の地頭、ポテンシャル、性格等を総合的に判断して採用を決めていくのがわが国の就職活動である。	はじめに
大学1～2年生から、卒業後の進路を考えて就職活動を行なっていくのがベストである。	はじめに
就職活動は人生の修行である。	はじめに
就職活動は人生の3大分岐点の1つである。	PART 1 まえがき
就職活動は、企業が求める人材を演じて、自分のリソースを投資して、自分を鍛え、必要ならば武器を購入し、書類選考や面接をこなしてレベルを上げていき、ラスボス（最終面接）をやっつけて、内定を勝ち取るRPGである。	RULE 01
就職活動において鍛える分野は、「自己分析」、「ガクチカ」、「志望理由」の3つである。	RULE 01
就職活動は、時間、労力、お金を投資して、内定を勝ち取る作業である。	RULE 01
「こうなったら最高！」と思える仕事を見つけよう。	RULE 02
10年後、20年後の自分をイメージしよう。	RULE 02
就職活動の情報は「カラーバス効果」で入手すべき。	RULE 03

格言	RULE
就職活動の手順は、業界研究をし、企業研究をし、インターンシップを行ない、（プレ）エントリーし、企業説明会・合同説明会に行き、必要に応じてOB・OG訪問をし、正式に履歴書、ES等の必要書類を提出し、筆記試験を受け、書類選考に合格し、面接に合格することである。	RULE 03
「先延ばし症候群」に陥らない。	RULE 03
就職活動は、「ホップ・ステップ・ジャンプ」で乗り切ろう。	RULE 04
経済の動向に敏感になろう。	RULE 05
毎日、新聞を読もう。	RULE 05
現在は、どんなにニッチな分野でも、これだけは誰にも負けないもの、日本一というスペシャリストが求められる時代。	RULE 06
「自分史」を作成しよう。	RULE 07
ドーパミンの多寡に注意し、自分に合った仕事を見つけよう。	RULE 08
「業界」を研究しよう。	RULE 09
「企業」を研究しよう。	RULE 10
優良企業だが人気はそれほどでもない、掘り出し物の企業はたくさんある。	PART 2 まえがき
「企業偏差値」と「学生偏差値」は均衡する。	PART 2 まえがき
会話のキャッチボールをスムーズにできるようにしよう。	RULE 11
1つのことを極めてアピールできるようにしよう。	RULE 11
筆記試験の準備を早めに始めよう。	RULE 12

巻末資料① 221

格言	RULE
「フェルミ推定」の面接に備えよう。	RULE 13
「ケース面接」に備えよう。	RULE 14
将来、企業の幹部になる心構えを持とう。	RULE 15
「ガクチカ」が内定の分岐点である事実を知ろう。	RULE 16
「使い勝手が良くて、一緒にいて楽しい人物」を演じよう。	RULE 17
「志望理由」をしっかり準備しておこう。	RULE 18
応募するすべての企業は第一志望である。	RULE 19
履歴書では余白をなくすべき。	RULE 20
履歴書では、文字の量で熱意を見せるべき。	RULE 20
履歴書では、自分の経歴をバカ正直に書かない。	RULE 20
就職活動では多少の「盛り」は許される。	RULE 20
礼儀正しい人になろう。	RULE 21
褒められたら「恐縮です」「恐れ入ります」で切り返す。	RULE 21
就職活動では「言語化」能力が非常に重要である。	RULE 22
論理的思考、合理的思考を実践しよう。	RULE 23
「ケース面接」の練習を通じて、地頭を鍛えよう。	RULE 23
大学ブランドは日本社会において歴然として生きている。	RULE 24
ライバルは他大学の学生ではなくて同じ大学内にいる。	RULE 24
長所は客観的な数字でアピールすべき。	RULE 25

格言	RULE
長期インターンシップは「ガクチカ」に不可欠である。	RULE 26
語学力を磨き、「グローバル人材」である点をアピールしよう。	RULE 27
リーダーシップ経験を積み上げよう。	RULE 28
志望順位が高い企業ほど、OB・OG訪問数は増やすべきである。	RULE 29
良い意味で「ギャップ」をつくろう。	RULE 30
「就活ノート」をつけ始めよう。	PART 3 まえがき
就職活動は「チームワーク」、助け合う友だちを作ろう。	PART 3 まえがき
就職活動では、運・不運はつきものである。	PART 3 まえがき
エントリーは「志望業界」を1つ選び、複数の業界へ広げよう。	RULE 31
プレエントリーは100社、エントリーは50社をめどに。	RULE 32
第一志望企業に惚れすぎないように注意しよう。	RULE 32
自分が企業を選ぶのではなく、企業に自分を選んでもらう精神で。	RULE 32
履歴書の執筆にあたっては、日本語のルールを守ろう。	RULE 33
履歴書は、客観的なデータ、数値ベースで記載する。	RULE 34
履歴書には、自分に不利になることは書かない。	RULE 34
自分の長所と短所は、内定の獲得を最大化できるものを書く。	RULE 35

巻末資料①

格言	RULE
長所を選ぶ基準は、長所にまつわるエピソードを2つ以上言えるかどうかである。	RULE 35
短所を選ぶ基準は、①面接不合格に直結する短所は避ける、②短所に見えながら別の視点から考えると長所にも見えるものを書く、の2つである。	RULE 35
短所を書いた後は、必ず「〜を克服するように努力している」と追加する。	RULE 35
ガクチカのコンセプトをしっかり決めよう。	RULE 36
学生の本分は勉強である事実を認めよう。	RULE 37
「ガクチカ」は鉄板ネタ2つ以上で差別化を図るのが理想である。	RULE 38
留学と勉学を上手に組み合わせたガクチカの方が、アピールできる。	RULE 39
「体育会」系の学生は「文武両道」をアピールすべき。	RULE 39
OB・OGに志望理由書を添削してもらおう。	RULE 40
面接合格の最大の秘訣は「（根拠のない）自信」を持つことである。	RULE 41
自信がある人は、服装がしゃきっとしていて、堂々としていて、相手の目を見て、大きな声ではっきりと落ち着いて話し、背筋を伸ばして、さわやかな笑顔でいるポジティブ思考の人である。	RULE 41
自信がある人は「〜思います」とは言わない。	RULE 41
面接対策は見かけから。	RULE 42

格言	RULE
面接前はトイレに入り「はひふへほ」をチェック。	RULE 42
自己紹介では圧倒的勝利をめざす。	RULE 43
面接では、常に「結論ファースト」で話す。	RULE 44
面接では、箇条書きで話す。	RULE 44
面接では、5W1H (5W3H) に気をつける。	RULE 44
自己PRは事前に準備しておこう。	RULE 45
「苦手なタイプ」を聞かれるのでしっかり準備しておこう。	RULE 45
「ガクチカ」については定番の質問があるので、しっかり準備しておこう。	RULE 46
「配属リスク」の質問に備えておこう。	RULE 47
「なぜ、なぜ」に対して少なくとも5回連続答えることができるように訓練すべき。	RULE 48
「なぜ、なぜ」攻撃への対策は、一般論を避けなるべく自分だけが知るエピソードに持ち込むことである。	RULE 48
「アンダードッグ」効果を上手に使おう。	RULE 48
面接で1度はジョークを盛り込んで笑いをとりたい。	RULE 49
面接官との距離を縮めることができれば、内定間違いなし。	RULE 49
「リーセンシー効果」の逆質問は大チャンスである。	RULE 50

巻末資料① 225

この本で紹介した面接における頻出質問

全体に関する質問

質問	RULE
自己紹介をお願いします。[60秒] 簡単に自己紹介してください。[30秒]	RULE 43
自己PRしてください。	RULE 07、45
10年後（20年後）のあなたをイメージすると、どのようになっていると思いますか？	RULE 02
あなたの就職活動の「軸」はなんですか？	RULE 02
弊社があなたを雇うべき理由を3つ挙げてください。	RULE 35
最近、気になったニュースはなんですか？	RULE 05、45

自己分析

質問	RULE
あなたの長所と短所を述べてください。 （短所を克服するためにどんな努力をしていますか？）	RULE 07、35
あなたの挫折経験（あるいは一番つらかったこと）を1つ教えてください。どのようにその挫折を乗り越えましたか？	RULE 07、44、49

質問	RULE
あなたの強みとそれを表わす具体的なエピソードを教えてください。	RULE 07、45
リーダーシップ経験を教えてください。	RULE 15、28
いままで他人を巻き込んで一緒に目標を達成した例を挙げて説明してください。	RULE 17
チームとして一番苦労した点は何ですか？　どうやってその問題を克服しましたか？	RULE 17
あなたは集団や組織においてどのような役割・立場を担うことが多いですか？	RULE 28
あなたをモノ（花、動物）にたとえると何になりますか？	RULE 41、44
苦手なタイプの人はいますか？　（なぜですか？　どう克服しますか？）	RULE 45
あなたは周囲の人からどのような人だと言われますか？	RULE 45

大学時代がんばったこと（ガクチカ）

質問	RULE
エントリーシートとして提出していただきましたが、改めて「大学時代、最もがんばったこと」を教えてください。	RULE 46
「がんばったこと」の中で、一番たいへんだったことはなんですか？　なぜですか？	RULE 46
「大学時代、最もがんばったこと」は、弊社にどのように役立ちますか？	RULE 46

巻末資料②

志望理由

質問	RULE
なぜこの業界なのですか？	RULE 09、19
あなたの企業選びの基準はなんですか？	RULE 10
弊社への応募動機を教えてください。 弊社を志望した理由は何ですか？	RULE 18、44
なぜほかの業界ではないのですか？	RULE 19
この業界の中でも、なぜ弊社が第一志望なのですか？	RULE 19
弊社は第何志望ですか？　なぜですか？	RULE 19
OB・OG訪問はどのくらいしましたか？（人数）	RULE 29
弊社に入ってどんなことをしたいですか？ （どんな部署に配属されたいですか？）	RULE 47
もし希望部署に配属されなかったらどうしますか？	RULE 47
弊社の課題はなんだと思いますか？	RULE 47
あなたの方から、弊社について何か質問はありますか？	RULE 50

おわりに

就職活動がいかに重要なのかという点を「おわりに」において再度強調しておきます。なにしろ、就職活動は、無限（と言っても良いくらい多く）の選択肢の中から1つの企業を選ぶ行為なのですから[11]。ひとつひとつの選択を思慮深くしていかないと、とんでもない人生になってしまう可能性があるので、どの企業を選ぶのかはとくに重要なのです。

具体的に考えてみましょう。たとえば、いままでの人生で、二者択一の重要な意思決定（A高校に行くかB高校に行くかの選択等）が10回あったと仮定すると、どのくらい人生の道があったか分かりますか？

答えは、2の10乗となります。計算すると、いままでの人生では1,024通りあったということです。その1,024の道のうちの1つを歩んでいるのです。

これからの人生でも同じように、二者択一や三者択一や四者択一といった分かれ道が出てきます。残りの人生は少なくとも60年以上ありますから、1年間で二者択一の重要な意思決定が2回あるとして、残りの人生でどのくらいの組み合わせがあるか分かりますか？

答えは人生残り60年ですから、60×2＝120回あるということです。各々2つの選択肢ですから、2の120乗通りの人生があるということになります。計算すると、兆とか京とかいう桁を超えて、無量大数（10の68乗）とまではいきませんが、37桁「澗」という位になります[12]。正確には、

※　1,329,227,995,784,915,872,903,807,060,280,344,576通り

の人生の道です！

　1つの決断をすると、次の決断が待っています。たとえば、A社とB社に内定がもらえた→A社に行くことを決めた→A社の同期であるCさんと交際した→Cさんからプロポーズされた→プロポーズを受け入れた、というような一連の流れになるということです。

　もしあなたがB社を選んでいたら、Cさんと結婚することには至らなかったはずです。1つの決断でできた道が次の道につながっていくのです。

　ですから、その道（企業）を納得して選んでいかないと、とんでもない道に入り込んで、にっちもさっちもいかなくなってしまいますし、その逆に、いままでの人生では考えられなかった素敵な人生にすることも可能です。その分岐点に就職活動があるということです。

　ぜひ、「いままでの人生で最も努力したものは？」の答えが「就職活動」となるように願っています。

　本書を書くにあたって、たくさんの人にお世話になりました。過去の森川ゼミの学生、とくに12〜18期生にはたいへんお世話になりました。

　また、出版にあたっては、株式会社KADOKAWAの原賢太郎さんおよび桐田真衣さんにとくにお世話になりました。感謝いたします。

2025年4月　森川 友義

＝脚注＝

1 そのほかにも2月下旬に英国で行なわれる「ロンドン・キャリア・フォーラム」等がある。

2 「B to B to C」はメーカーと一般消費者の取引を手伝う仕事、「C to C」は一般消費者間の取引を手伝う仕事を指す。

3 本書ではインターンシップは2種類あると考える。1つは企業が学生を審査するための「企業インターンシップ（または「短期インターンシップ」)」、もう1つは「ガクチカ」用に行なう長期インターンシップ。この項でいうインターンシップは前者である。

4, 7, 8, 10 以下の点については、拙著『大学4年間で絶対やっておくべきこと　恋愛・学業・友人関係がうまくいく50のルール』（KADOKAWA、2024年）で詳述。

5 旧帝国大学とは、戦前の帝国大学令よって創設された日本の国立大学で、具体的には北海道大学、東北大学、東京大学、名古屋大学、京都大学、大阪大学および九州大学の7つを指す。

6 詳しくは『できる大人のモノの言い方大全』（話題の達人倶楽部編、青春出版社、2012年）をご参照。

9, 11 以下の点については、拙著『入社3年目までに絶対知っておきたいこと』（ディスカヴァー・トゥエンティワン、2018年）で詳述。

12 対数を用いて計算すると、$\log_{10} 2^{120} = 120 \log_{10} 2 ≒ 120 \times 0.3010 = 36.12$ となり、37桁であることが分かる。

＝著者紹介＝

森川 友義（もりかわ とものり）

早稲田大学国際教養学部教授。政治学博士（Ph.D.）。

1955年群馬県生まれ。早稲田大学政治経済学部政治学科卒、ボストン大学政治学部修士号、オレゴン大学政治学部博士号取得。外資系銀行、総合商社、国連専門機関（UNDP、IFAD等）、外務省国連代表部、アイダホ州立ルイス・クラーク大学助教、オレゴン大学客員准教授を経て、現職に至る。専門分野は日本政治、恋愛学、進化政治学。

恋愛学・結婚学の著書多数。人生に関する著書としては『大学4年間で絶対やっておくべきこと　恋愛・学業・友人関係がうまくいく50のルール』（KADOKAWA）、『入社3年目までに絶対に知っておきたいこと』（ディスカヴァー・トゥエンティワン）等がある。

勝てる就活ルール50
負けないガクチカをつくる大学4年間の過ごし方

2025年4月28日　初版発行

著者／森川 友義

発行者／山下直久

発行／株式会社KADOKAWA
〒102-8177　東京都千代田区富士見2-13-3
電話 0570-002-301（ナビダイヤル）

印刷所／株式会社KADOKAWA

製本所／株式会社KADOKAWA

本書の無断複製（コピー、スキャン、デジタル化等）並びに
無断複製物の譲渡および配信は、著作権法上での例外を除き禁じられています。
また、本書を代行業者などの第三者に依頼して複製する行為は、
たとえ個人や家庭内での利用であっても一切認められておりません。

●お問い合わせ
https://www.kadokawa.co.jp/　（「お問い合わせ」へお進みください）
※内容によっては、お答えできない場合があります。
※サポートは日本国内のみとさせていただきます。
※Japanese text only

定価はカバーに表示してあります。

©Tomonori Morikawa 2025　Printed in Japan
ISBN 978-4-04-811489-9　C0030